RENEWALS 691-4574
DATE DUE

**WITHDRAWN
UTSA LIBRARIES**

BIOGRAFIAS ESPASA
perfiles de siempre

MANUEL MUÑOZ HIDALGO

JUAN DE LA CRUZ
memoria de vuelo alto (1591-1991)

SEGUNDA EDICIÓN

ESPASA-CALPE
Madrid - 1992

Diseño y cubierta: José Fernández Olías
Ilustración de la cubierta: *San Juan de la Cruz*. Escultura en bronce, por Rafael Pi Caravaca (Murcia). Foto: Padre Dionisio de Tomás.
Director de la colección: Ricardo López de Uralde.

Impreso en España
Printed in Spain

ES PROPIEDAD
© Manuel Muñoz Hidalgo

© Espasa-Calpe, S. A., Madrid, 1991,

Depósito legal: M. 2.075—1992
ISBN 84—239—2238—3

Talleres gráficos de la Editorial Espasa-Calpe, S. A.
Carretera de Irún, km. 12,200. 28049 Madrid

*A Juan Avilés Trigueros, que me
llevó por Castilla siguiendo los pasos
de San Juan de la Cruz.*

preámbulo

A quien quisiere saber más de las cosas que han acontecido a este religioso, adviértole que mi vida es de muy poco bullicio, y si poseo algo de bondad es prestada, y debería silenciar o callar a mi persona, que intenta dejarse enseñar, mandar, sujetar y despreciar para conseguir la perfección del alma que anhela padecer por el Amado.

Yo procuro esconderme en mi propia nada y conservar el corazón en paz, pues soy consciente de cuantos pecados hago y del mucho apetito de las cosas divinas; servir a Dios de veras, confiado en el amor como Dios quiere; ser amado olvidando mi condición limitada a la espera de renunciar de todo eso que prefieres, ya que la carne es flaca y que ninguna cosa del mundo puede dar fortaleza al espíritu ni consuelo.

¿Qué puede interesar la vida de un hombre que es fraile y además escribe versos?

Yo, Juan de la Cruz, religioso y hombre sencillo que humildemente desea agradar a Dios en escondido y obediencia, no quiero predisponeros a mi favor. Yo no hago nada extraordinario; sólo me dejo llevar por los impulsos y paso toda mi vida en busca del Amado, y así dejo constancia en mis escritos, que no siempre son bien interpretados por los que ignoran lo que es un alma humilde y entregada.

¿Pesan las acciones generales, colectivas y sobrenaturales, después de los años, sobre nosotros? No entraré en el peligro de entretener con hechos relatados, fruto de la imaginación y el entusiasmo, ya que dejo parte de mi obra como el mejor de los sucesos. Sin tomar a la letra el sayal que han puesto a mi persona, me gustaría exponer, sin engaño y con la claridad pacífica y desinteresada que siempre me acompaña, los rasgos más significativos del sosiego espiritual que refrena el pensamiento y mueve todo mi ser en advertencia de Dios amorosa.

Todavía no sé lo que puede más en mí, la carne o el espíritu. Los superiores me juzgan abstracto y fuera de lo normal en mis concepciones, y es que ignoran el gran esfuerzo y los muchos trabajos y entrega de mí mismo en mis propias realidades más íntimas, porque mi espíritu lo tengo cautivado por el vocablo divino.

Hay quien duda de la integridad de mi existencia estableciendo comparaciones con otros místicos y señalan la disconformidad entre el pensamiento de mi obra y la conducta de mi vida. ¡Qué poco me conocen! Y es mejor y ventajoso para mí, dándome nuevos motivos para la práctica de la humildad y el abandono terrenal, que en nada se parece al mundo íntimo que me separa de lo verdadero.

Me gustaría que la emoción que siento ante la contemplación de la naturaleza, y que para otros es la única fuerza de comunicación y acercamiento, en mí fuera la base de mi impulso creativo y la vidriera de símbolos tras la que atraviesa la luz de la razón.

Algunos se empeñan en que mi obra es un laberinto de experiencias metafóricas y que me pierdo en arrebatos divinos. Y es que yo prescindo de lo accidental y me vuelco en estancias que mi alma me procura fuera del límite de lo existente. Yo no creo ser tan complicado como parezco. No es que me evada del entorno porque la sociedad y el tiempo en el que me ha tocado vivir son las raíces y el motivo de mi Dios.

Del viento del desierto que me azota siento su calor profundamente en el alma. Bajo el dominio de la casa de Austria los genios no reciben el apoyo que necesitan ni tienen asegurados unos ingresos que les permitan dedicar su vida a la creación y a la cultura.

Mi época está al galope de la tristeza y la confianza. Nunca hubo pueblo que anduviese tantos caminos y en tantas direcciones que agotara la esperanza en su espíritu.

La Castilla del siglo XVI tiene que afrontar problemas de imposible solución y tiene que cristianizar y explorar un nuevo mundo, resolver situaciones desconocidas en tales dimensiones e imponer sus directrices morales a razas de infieles y a enemigos paganos.

PRIMERA PARTE

Monumento a San Juan de la Cruz en Fontiveros. *(Foto T. Pintos)*

época y tiempo
(1542-1574)

1

EN esta época es cuando nazco, posiblemente un 24 de junio, el año de gracia de 1542, en una casa de piedra y argamasa de las muchas que abundan en Fontiveros, villa principal de la Moraña, casi al noroeste de Ávila, a nueve leguas de Medina del Campo; con unos cinco mil habitantes que viven del cultivo de la tierra y de alguna tejeduría de buratos; rodeada de sembrados y valles que ensanchan la llanura, entre Arévalo, Madrigal y Peñaranda; en la misma calle de Cantiveros donde se alza el monasterio de las monjas carmelitas; de una familia venida a menos, cuya ascendencia ilustre, hidalga, pone cierto sello a su talante; inscribiéndome en el libro de partidas de nacimiento con el nombre de Juan de Yepes Álvarez.

Mi padre, Gonzalo de Yepes, hijo de nobles oriundos de Yepes en la meseta de Ocaña, se cría y vive con un tío canónigo de la catedral de Toledo y, una vez preparado en reglas de Gramática y Aritmética, lleva la administración de otros tíos suyos, mercaderes en sedas, por lo que sus viajes a las ferias de Medina del Campo son habituales, ya que él, además de tener buenas cualidades para tratos y regateos en las compras, lleva la administración y contaduría y aprovecha.

En Fontiveros vive una viuda que negocia en sedas, frecuenta los distintos almacenes de tejidos en Toledo, conoce a mi padre y a su familia y un día que mi padre, camino de Medina, para en su casa, pequeña industria de tejidos, conoce a mi madre, una joven y hermosa doncella, muy agraciada, de Toledo, de nombre Catalina Álvarez, huérfana y sin hacienda, que la viuda ha recogido, pero que trabaja en su telar y se gana con esfuerzo la caridad de la viuda.

Mi padre préndase de ella, de su recato, porte y honestidad, sin atender los consejos y advertencias de la viuda ni de sus tíos, ricos y orgullosos de linaje y posición, que tienen preparado otro matrimonio de más conveniencia y de más honra, según ellos; y se casa hacia el año 1529, a pesar de que sus tíos le maldicen, repudian y niegan su favor.

No quieren saber más de él y le echan a la calle. Ese capricho de joven, esa humillación a su familia, le cuesta caro, y a pesar de todo, él quiere a mi madre y prefiere perder toda clase de privilegios y comodidades a perderla a ella.

Su conocimiento y práctica en el negocio de sedas aquí en Fontiveros no tiene acogida ni porvenir por el escaso movimiento de su industria y del comercio, viéndose obligado a trabajar de tejedor, oficio que aprende de mi madre, al servicio del telar de la viuda, en cuya casa viven hasta que, antes del año de casados, ésta muere.

Después se mudan a una humilde casa en la que instalan su pequeño taller de tejidos de pana. La vida es difícil para todos y mucho más para unos modestos trabajadores sin recursos ni medios (aunque este oficio esté en auge y llene de esperanzas al joven matrimonio).

En esta pobre casa nacen mis hermanos Francisco, Luis y yo, que soy doce años menor que el primogénito.

El pan es escaso y cuando lo hay es de cebada.

Durante el imperio de Carlos V la industria textil castellana ha notado una mayor expansión. La población de Castilla alcanza la cifra de 6.270.000 habitantes, y este crecimiento de población presenta grandes dificultades para la industria y la agricultura, que resisten ciertas imposiciones exteriores que perjudican el ritmo de su producción.

A la agricultura castellana no se le presta el suficiente cuidado, ya que la política real favorece los intereses laneros, puesto que hay una gran demanda de tejidos, vino y aceite por el mercado americano y, en vez de cultivar cereales —lo propio de Castilla— los responsables desvían dineros y atenciones hacia el sur de España para el cultivo de la vid y del olivo, que producen mejores beneficios.

Gonzalo, mi padre, oye decir a sus coetáneos que sembrar trigo no es rentable y el hacerlo requiere esfuerzos no compensados, porque en su mayoría los productores son pobres campesinos sin medios ni capacidad técnica para hacerse cargo de los sistemas de riego y solucionar el gran problema que tenemos con la sequía.

Por otra parte, la sociedad pudiente ha invertido su capital en el comercio, y el campesino, sin apoyo de ninguna clase, se ve obligado a cultivar las tierras arrendadas a sus propietarios aristócratas, bajo préstamos injustos, por tiempo muy corto y a elevados intereses que hacen imposible su cancelación.

Mis padres ven más porvenir en el pequeño negocio textil y de esa forma no tener que aguantar las calamidades y desastres que los agricultores pasan al no poder redimir el censo por tener malas cosechas. Pero la industria textil tiene otros inconvenientes. La preparación técnica de los tejedores plantea serios rompecabezas, y aunque la industria pañera castellana está rigurosamente reglamentada, no faltan quejas y denuncias.

La calidad de los géneros fabricados en talleres domésticos es baja por falta de mano de obra y tampoco es rentable.

Mis padres tienen que trabajar de sol a sol para sacar a sus tres hijos adelante. La situación en Castilla es difícil, ya que el rey Carlos, con la desesperada tarea de someter la herejía y la revuelta en Alemania, falto de recursos económicos, pide insistentemente más dinero y en situación desfavorable negocia con sus prestamistas genoveses y alemanes, agotando cada vez más sus recursos, sometiendo al pueblo en la inestabilidad financiera.

Carlos V y Enrique VIII penetran en el norte de Francia. Felipe II, príncipe de Asturias, contrae matrimonio con su prima la infanta doña María de Portugal en el palacio de doña María de Solís y Fonseca, que muere a los dos años, después de dar a luz a un hijo, don Carlos. Y ese mismo año muere mi padre tras una larga y dolorosa enfermedad que dura dos años.

Quedamos solos, sin medios, sin ahorros, sin nadie que pueda echarnos una mano en la desgracia. El pueblo está sumido en el abandono y en la miseria y el hambre ocupa todos los caminos. ¿Quién va a ejercer la virtud de la generosidad si los suyos carecen de lo más necesario? ¿Por qué no acudir a los hermanos de mi padre, que son pudientes y hacendados?

En Torrijos vive un hermano de mi padre, arcipreste de Rodilla, que al ser importante y acaudalado podráse encargar de alguno de

Altar mayor de la iglesia de los Carmelitas, levantado sobre el lugar en que nació San Juan de la Cruz, en Fontiveros. *(Foto T. Pintos)*

Pila bautismal de la parroquia de Fontiveros, en la que fue bautizado San Juan de la Cruz. *(Foto Archivo Espasa-Calpe)*

nosotros aunque no perdone su orgullo a mi padre ni aun después de muerto por el casamiento hecho en contra de su voluntad. Mi madre lo piensa muy detenidamente y como último remedio no ve otra salida más urgente: se decide a marchar hacia las tierras de Toledo y mendigar ayuda al pariente que antes la humillara con el desprecio.

Agotados los pocos ahorros, sin dinero y con mil vicisitudes, a pie, llevándome en brazos y con mis otros dos hermanos, iniciamos el viaje hasta la villa de Torrijos.

Por fin llegamos, tras un viaje largo y de mucha incomodidad, muy cansados, presentándonos en la casa de mi tío, el rico eclesiástico.

Nos hace esperar en la calle, y cuando se decide a abrirnos nos recibe con mal genio y a disgusto. Mi madre pídele que nos favorezca y que reciba en su casa a uno de nosotros y que como a sobrino le mire y le ampare, que no es por capricho ni comodidad, sino por la desgracia del mal momento que pasamos por la muerte del padre... Él se niega a prestarnos ayuda y dice que somos pequeños, cerrándonos la puerta.

Mi madre, desconsolada y con llanto, pero firme y con decisión, vuelve a emprender el camino con nosotros hacia Gálvez, donde vive el otro hermano de mi padre, que es médico, don Juan de Yepes, que disfruta de buena posición y no tiene descendencia. Mi tío Juan sí nos acoge con agrado.

Aquí permanecemos un tiempo y recibimos toda clase de atenciones normales entre parientes allegados. Mi tío se alegra de nuestra compañía, de poder hacer algo por nosotros, y se queda con mi hermano Francisco, el mayor, para cuidarle como al hijo que no tiene y procurarle un buen porvenir y luego hacerle su heredero.

Qué contenta se pone mi madre al saber que su hijo mayor tendrá el padre que le falta, aunque en el fondo siente dejarlo y apartarlo de sus cuidados de madre.

Y de regreso a Fontiveros, a nuestra casa, volvemos a pie en busca de ganar el pan en el oficio que mi madre tan bien conoce.

En un ambiente de privaciones y lucha por la supervivencia, voy creciendo como cualquier niño de una familia pobre de trabajadores y observo las costumbres de mi pueblo, de la tierra con sabor a rebaño y a balidos de nieve que en el duro invierno contemplo mientras me duerme mi madre cantándome alguna balada.

Telar familiar del siglo XVI. Grabado de Holbein. *(Foto Archivo Espasa-Calpe)*

2

Pasa un año y no sabemos nada de mi hermano Francisco ni tenemos noticias suyas. Mi madre se preocupa y sin pensarlo más decide ir a verle, a pesar del viaje tan agotador que le aguarda, presentándose de forma inesperada en la casa de mi tío Juan.

Al quedarse a solas con mi hermano, Francisco empieza a llorar y le cuenta lo mal que lo pasa allí desde que le dejamos: que la mujer de mi tío le maltrata, que le amenaza si le dice nada en contra suya al marido, que le amarga empleándole en toda clase de menesteres por desagradables que sean, que cela a su tío cuando habla con él, que le hace pasar hambre y le maltrata, que le encierra para que no vaya a la escuela y que el tío desconoce el mal comportamiento de su mujer. Mi madre comprende el egoísmo de su cuñada y sin escuchar la repetida insistencia de mi tío porque le deje a mi hermano, que le promete no volverá a recibir ese trato, que él desconocía, se lo trae a Fontiveros, que bastante mal lo ha pasado acordándose del hijo, que repartiremos lo poco que tengamos.

Mi hermano tiene ya quince años y no sabe lo más elemental que se aprende en la escuela: a leer y a escribir. Como no aprovecha para los estudios, mi madre le enseña a tejer como hizo con mi padre, y así Francisco le ayuda en el telar.

Cerca del pueblo hay una charca sucia y cenagosa rodeada de juncales y mimbreras a la que voy con otros niños a jugar con los mimbres echándolos el agua con fuerza para que salgan después a la superficie y volverlos a lanzar. Una de las veces pierdo el equilibrio y me caigo de bruces en la charca; me hundo bajo el agua, maneteo, me agobio, me asusto..., y los niños lloran, gritan, piden ayuda... Un labrador que ara muy cerca, al oír el griterío de los niños y que he desaparecido bajo el agua, viene corriendo con su vara para sacarme; pero yo salgo flotando sobre la superficie como si fuera un mimbre más y sonrío, agarrándome a la vara del labrador. Todos quedan extrañados y yo no me atrevo a decir que ha sido un milagro, no sea que me lo imagine, pero estoy seguro de que, en mi agobio por salir de la charca lleno de cieno y hundido, he visto a la Virgen, que me extendía su mano. Es muy hermosa la Virgen, pero no me hagáis caso, que tengo mucha imaginación. Cuando llego a mi casa, se lo cuento a mi madre, y ella a sus vecinas, y oigo que me he salvado de morir en la charca por intercesión de la Virgen y San José.

El trabajo del telar es muy esclavo y no da los beneficios de antes. Mi hermano Luis y yo vamos a la escuela y mi madre se pone triste de vez en cuando porque no vivimos con nuestras necesidades cubiertas. El corral se va quedando vacío y apenas si disponemos de lo más urgente para sobrevivir. Pasamos hambre y a mi madre le da por hablar con mi padre, que está enterrado en la iglesia.

Entre tanto, Carlos V firma la paz con Francisco I, pero durante la rebelión de los Comuneros el rey francés intenta conquistar Navarra.

El emperador necesita más dinero para sus guerras y lo obtiene de España con los ingresos tanto laicos como eclesiásticos.

¡Cuánto hace la Iglesia española en favor del imperialismo de los Habsburgo en este siglo con su aportación financiera! Y como siempre, el pueblo sufre las consecuencias.

Al contrario de los príncipes luteranos que obtienen grandes favores de la ruptura con Roma y el despojo de la Iglesia en sus territorios, los reyes de España despojan a la Iglesia sin necesidad de recurrir a la ruptura con la Santa Sede. Las ventajas a largo plazo de este sistema son por lo menos iguales o superiores. Al Papa le resulta muy violento y desagradable tener que negarse a concesiones económicas en el preciso momento en que la fe está amenazada por la herejía.

La Corona española fomenta la acumulación de propiedades en poder de la Iglesia porque son más aprovechables para el fisco. La Iglesia contribuye a la Corona con la tercera parte de todos los diezmos recaudados por la Iglesia de Castilla y por obligación tiene un impuesto sobre las rentas e ingresos eclesiásticos en todos los reinos españoles con el acuerdo y la bendición del Papa.

Algunos eclesiásticos discuten y se quejan del abuso del poder, pero ellos son los menos indicados, a cambio, también obtienen otros beneficios.

Ante la situación embarazosa en que se encuentra el reino, el príncipe Felipe y Cobos escriben repetidamente a Carlos V para que regrese a España para bien del reino, ya que el reino se encuentra pasando grandes apuros.

El pueblo está harto y aburrido de trabajar sin beneficio y de que no le reconozcan su servicio. Es en mayo de 1545 cuando el príncipe Felipe escribe a su padre:

> «La gente común, a quien toca pagar los servicios, está reducida a tan extraña calamidad y miseria que muchos de ellos andan desnudos sin tener con qué se cubrir; y es tan universal

> el daño que no sólo se extiende esta pobreza a los vasallos de Vuestra Majestad, pero aún es mayor en lo de los señores; que ni las pueden pagar sus rentas, ni tienen con qué, y las cárceles están llenas y todo se va a perder.»

Este es el panorama que me toca vivir cuando soy todavía tan pequeño. Y otra desgracia tenemos que afrontar. Mi hermano Luis muere, y mi madre sólo repite, ante el cuerpo sin vida de mi hermano, que es la miseria, la falta de alimentación, el poco y mal pagado trabajo quien nos irá llevando a todos a la sepultura. Le enterramos junto a mi padre.

Por más que lucha y vela por nosotros, el trabajo del telar no da lo suficiente para vivir, y decide levantar la casa y trasladarnos a la vecina Arévalo, a unas seis leguas de camino. Es el año 1548. Yo tengo seis años cumplidos.

La villa de Arévalo, entre los ríos Adaja y Arevalillo, con sus muchos palacios antiguos, templos, conventos y su castillo, tiene vida propia por los muchos mercaderes que van de paso hacia las ferias de Medina del Campo, por su industria y por su movimiento comercial.

En el telar de un mercader de tejidos mi madre y mi hermano, que ya tiene los dieciocho años, se emplean, y aunque ganan un jornal escaso, es suficiente para ir tirando y salir adelante.

Mi hermano, aunque a mí no me cuenta sus correrías con los de su edad, yo me entero y ante él hago como si las ignorase. Es muy alegre, le gusta cantar, tañer la flauta, bailar en las fiestas y no hacer daño, que ya se encargará de no hacerlo y disgustar a nuestra madre, pero es un gran ingenuo y los amigos se aprovechan de su candidez haciéndole participar en diversiones un tanto absurdas. Sé que andan por los huertos destrozando las ramas de los árboles con fruto, los viñedos cuando es tiempo de uvas, los sembrados... por el mero hecho de hacerlo.

En una de esas correrías (por no llamarlas diversiones o de otro modo), come almendras amargas y siente tales remordimientos que va a confesarse con el padre Carrillo, beneficiado de una de las iglesias; y mi hermano cambia de conducta, abandonando esas amistades de tan poco provecho. Cuando termina el trabajo en el telar, en vez de divertirse como antes, se va en busca del padre Carrillo para que le instruya en el buen camino, y luego me repite las historias de santos que él aprende. Y como ellos, recoge a pobres de las calles para

Arévalo. *(Foto Paisajes Españoles)*

llevarlos a mi casa y ser atendidos, muchos de ellos antiguos soldados mutilados en las batallas que al regresar son rechazados por sus propias familias, no teniendo más remedio que mendigar.

En Muriel, un pueblo pequeño que está a tres leguas de aquí, vive la novia de mi hermano, que se llama Ana Izquierdo. Es buena, hacendosa y tan humilde como nosotros. Se casa con ella y la trae a vivir con nuestra madre, aprendiendo a tejer y así ayuda con otro jornal.

Entre tanto, yo voy a la escuela y cuando salgo me entretengo en el telar ordenando o recogiendo las sobras de los hilos.

Por más que se trabaja, la economía familiar no sale de la pobreza y de las sobradas raciones de hambre, y se decide, aconsejados por la madre, que en Medina del Campo habrá más suerte, más vida. Y allí nos dirigimos y con los pocos medios de que disponemos establecemos nuestra casa.

Al ser yo el más pequeño (tengo nueve años), mi madre piensa que en Medina del Campo, lo mismo que en Salamanca y en Valladolid, hay Colegios de la Doctrina y como soy pobre y huérfano me recogerán a fin de enseñarme conocimientos, aprender un buen oficio y aligerar la carga de mi manutención y que me den lo necesario de comer, que bastante falta tengo desde que vine al mundo.

Es el año 1551 cuando iniciamos el viaje a Medina del Campo. Yo voy muy alegre porque me cuentan la de cosas que veré y allí me haré un hombre de provecho. Hacemos el camino, de unas siete leguas, cargados con nuestros pocos enseres. Ana y mi madre, delante, y a unos pasos retirados, mi hermano y yo.

Casi a las puertas de la dicha villa de Medina del Campo, a la entrada de ella, de una laguna sale un pez de extraordinaria grandeza, como una ballena y más, y con la boca abierta, bien como que acomete para tragarme. Yo, temeroso, me encomiendo a Dios y desaparece el pez, al cual ha visto mi hermano y se espanta de una cosa tan monstruosa y que él mismo lo puede atestiguar.

Al llegar a Medina del Campo lo primero que hacemos es acercarnos a la Plaza Mayor a ver a un mercader conocido de mi madre que espera nuestra llegada.

¡Cuánto me gusta esta villa, cuánta gente va y viene, cuántos tenderetes y tiendas con prendas de vestir y toda clase de objetos de metal y de barro, espadas de Toledo, tinajas de Murcia y mercaderes de todas las regiones y hasta de Europa! Y como un perro guardián, el castillo, un poco a las afueras, como protegiendo la villa.

3

En llegando a Medina del Campo procura mi hermano acomodarse en su oficio y buscar casa y asentar lo que de Arévalo traemos. Al norte de la villa halla una casa modesta en la que recogernos y así emprender la dura lucha en el nuevo lugar.

He cumplido ya los nueve años y me han acogido en el Colegio de los niños de la Doctrina, por ser mucha mi pobreza y necesidad, para que en este benéfico establecimiento me enseñen a leer, escribir, gramática y doctrina cristiana. Además, soy mantenido hasta que sepa oficio o tome otra colocación.

Ayudo a misa con mucho fervor en la iglesia y monasterio de la Magdalena, y me agrada hacerlo sin tomarlo como obligación que es, lo mismo que a la limpieza y el estar a las órdenes de las monjas agustinas, del capellán y del sacristán mayor cuando requieren mis servicios, que yo los cumplo con el mejor de los deseos.

Me he vuelto a caer al agua (pero esta vez en el pozo de un hospital) jugando con otros niños alrededor del brocal de un pozo: arrimándome al brocal, que es bajo, otro muchacho, que es mayor que yo, me empuja y me hace caer en el pozo, el cual tiene harta agua, y así como me caigo me hundo hasta el suelo y subo a la superficie o alto del agua y estoy en ella como si estuviera sobre alguna tabla; y al pasar alguna distancia de tiempo, y dando voces los niños y muchachos que me han visto caer, que ha caído un niño y se ahoga, acude gente a remediarme, y asomándose al brocal diciendo que estoy ahogado. Yo respondo: «No estoy ahogado: que la Virgen me ha guardado; échenme una soga, que yo me ataré y me sacarán.» Y echándome una soga, me ato con ella por debajo de los brazos y me sacan sin lesión ni daño alguno. Para todos los que acuden es un milagro, y hasta Elvira Quevedo, la sirvienta del administrador del Hospital de las bubas, don Alonso Álvarez de Toledo (caballero que ha dejado el mundo y recogióse a este hospital a servir a Dios y los pobres enfermos vergonzantes), oye comentar en la casa de su señor las maravillas de este hecho milagroso.

Tanto el recogimiento que pongo al ayudar a misa como las cualidades para retener oraciones y ejercitar la memoria hacen que el administrador se fije en mi persona y me lleve de recadero a este Hospital de Nuestra Señora de la Concepción, trasladándome a su Colegio de la Doctrina.

En Medina del Campo hay unos catorce hospitales. Este Hospital de las bubas, con advocación de Nuestra Señora de la Concepción, sito junto al monasterio de Nuestra Señora de Gracia, de los padres agustinos, cerca del Colegio de la Compañía de Jesús, próximo a la iglesia de Santiago.

Procedió su fundación de esta manera: Por virtud de una bula de Su Santidad, concedida a doña Teresa Enríquez, duquesa de Maqueda, algunas personas de esta villa instituyeron en ella la Cofradía de Nuestra Señora de la Concepción, y de limosna que pedían favorecieron a pobres vergonzantes; y como la Cofradía de la Caridad hacía esto mismo, acordaron de curar bubas y mal contagio, y para esto compraron una casa, donde lo hacían, y que habría cuarenta años Hernando Daza, por servicio de Dios, sin que interviniesen en ello escritura de dotación, carga ni obligación, hizo y reedificó dicha casa y hospital, en que dichos cofrades comenzaron a curar pobres de bubas y males contagiosos con lo que allegaban de limosna entre la buena gente.

Después entró en dicho hospital Alonso Álvarez de Toledo, quien lo rige, administra y gobierna y quien asimismo lleva cuenta del regimiento y cura de los pobres, y con la limosna que dicha villa hace y otras que hacen el gasto.

Aquí en Medina hay mucho que hacer y viven gentes principales. También sirvo a los pobres en el hospital como enfermero y pido limosna por las calles para recaudar algunos ducados; que al cabo del año los gastos del hospital ascienden a unos ochocientos.

El demás tiempo que me sobra después de mis acostumbradas ocupaciones de piedad con los enfermos lo ocupo en aprender gramática en el Colegio de la Compañía.

Mi protector, don Alonso Álvarez de Toledo, me da licencia para que vaya a oír las lecciones al Colegio de la Compañía un poco por la mañana y un rato por la tarde, siempre que no abandone mis obligaciones en el hospital. Por la noche quito horas de sueño para dedicarme plenamente al estudio —el cual me entusiasma—, resguardado por los porches de madera que hay en el patio, iluminándome con una vela. Algunas veces me sorprenden cuando me buscan para que dé algún recado o aviso.

Durante mi estancia como interno en el Colegio de la Doctrina frecuento como aprendiz el taller de los artesanos, que así lo han acordado, para aprender el oficio de carpintero, sastre, entallador y pintor; mas en todos ellos fracaso a pesar del mucho empeño y dedicación que en ello pongo y por faltarme aptitudes adecuadas. Aprovecho

Medina del Campo. *(Foto Paisajes Españoles)*

mejor para los estudios y bien lo sabe mi protector don Alonso, que me orienta y da bastante ánimo para que llene mi espíritu con el ejercicio del conocimiento y la virtud.

En estos años se publica *El Lazarillo de Tormes,* y en Ginebra, Calvino condena a la hoguera a Miguel Servet.

El año 1554 Carlos V desposa a su hijo Felipe con María Tudor por conveniencias de Estado, pero dicho plan se malogra cuatro años más tarde porque María Tudor fallece sin descendencia, perdiéndose la esperanza de unir Inglaterra, España y los Países Bajos en una sola Corona.

El pueblo de Castilla necesita cerca a su emperador, no en el extranjero. El imperio de Felipe II nace bajo el doble signo de la bancarrota y la herejía.

Sólo dos años en el poder y la doctrina de Lutero toma cuerpo en Valladolid y Sevilla.

He cumplido diecisiete años e ingreso en el Colegio de la Compañía para cursar humanidades, gramática, retórica y artes. Entre todos somos unos cuarenta y ocho alumnos. Los jóvenes jesuitas Gaspar Astete, Juan Guerra, Miguel de Anda y Juan Bonifacio, mi preceptor, son los cuatro profesores que dirigen las clases que comprende el estudio.

Juan Bonifacio enseña el texto de Nebrija y comenta y nos hace leer sin dificultad a Valerio Máximo, a Suetonio, a Aliciato; revela algunos pasajes de Amiano Marcelino, de Plinio, de Pomponio Mela; traduce algunos trozos difíciles del Breviario y algunos himnos eclesiásticos, el Catecismo, cartas de San Jerónimo y el Concilio Tridentino. Todo esto a los más aventajados y a los ordinarios lee a Cicerón, Virgilio y alguna vez las tragedias de Séneca, Horacio y Marcial expurgados, César, Salustio, Livio y Curcio para que tengan ejemplos y modelos de todo: de oraciones, de poesía y de historia.

Es el otoño de 1559 cuando Felipe II regresa de nuevo a una Castilla revuelta e insegura.

Ignoro hasta qué punto es preciso vender los cargos municipales y las tierras de la Corona a fin de sufragar deudas adquiridas por el emperador como única forma de solucionar los problemas de mis gentes. La nobleza se aprovecha de las circunstancias para enriquecerse y el pueblo no puede aguantar el peso de los impuestos y contribuciones. Cada vez aumentan los privilegios de la clase aristocrática.

Se gasta mucho y se rinde poco. El pueblo continúa siendo su víctima. La Iglesia repudia la doctrina de Lutero. En las aulas de los

Hospital de Nuestra Señora de la Concepción, en Medina del Campo. *(Foto T. Pintos)*

jesuitas, los más adelantados discuten sobre las doctrinas de Erasmo, y yo, que todavía no estoy formado, siento cierta predisposición por este movimiento que defiende al hombre. No lo considero peligroso ni herético al conocimiento, pero debo acatar los consejos de mis preceptores, que más quiere Dios de ti el menor grado de obediencia y sujeción que todos esos servicios que le piensas hacer.

La mayoría de los intelectuales las han asimilado con rapidez, y aunque el propio inquisidor Alonso Manrique, arzobispo de Sevilla, sea uno de los seguidores del erasmismo, ante los ortodoxos más exigentes, esta nueva corriente no es vista con buenos ojos, ya que denuncia las órdenes religiosas del gobierno del emperador, entre otros motivos, siendo capaces de retener el movimiento que se propone salvar la pureza de Castilla de tanta influencia extranjera.

Con los Comuneros al frente, los frailes y el clero inician batallas que no llegan muy lejos, ya que España tiene la obligación de unirse al símbolo del nuevo saber y si cree en el progreso, el empeño de dividir a España política y culturalmente con el resto del mundo conocido es un auténtico desequilibrio y frustración. Felipe II traslada su corte de Valladolid a Madrid. Es el año 1560.

Mi familia vive en la misma casa donde tiene instalado el telar, próxima a la iglesia de Santiago, y aunque es pequeña, allí se crían y alborotan los hijos de mi hermano y también se reparte la mucha carencia y escasez de medios de vida y de trabajo entre todos, sin perder nunca las prácticas piadosas y el buen ejemplo de nuestra madre, que infunde tales virtudes.

Hay muchas bocas que alimentar y mucha miseria, por lo que mi hermano toma la decisión, según le aconsejan, de emplearse como escudero al servicio de algunas damas principales y al menos tener seguro el pan de los hijos. Mas no está acostumbrado a estos servicios y por llegar tarde a la casa de sus señoras, madre e hija, por haberse entretenido en las iglesias, como tiene por costumbre, pierde tal empleo.

Y es cuando se entrega de lleno a las obras de caridad recogiendo a los niños abandonados y que en Medina son bastantes y frecuente, llevándoles a bautizar, buscándoles ama de cría y pidiendo limosna para poder atenderlos. Los apadrina a casi todos con nuestra madre, y yo también lo hago cuando es posible.

En la parroquia de San Martín, el 17 de septiembre de 1564, hago de padrino de Antolina, hija de Gregorio de Matilla y de su madre Juliana. Bautízale Juan de Flores, beneficiado de la iglesia de señor

La Plaza Mayor de Medina del Campo en día de mercado.
(Foto Archivo Espasa-Calpe)

San Martín y de madrina es Mari López. Así consta en la partida del libro de bautizos de la parroquia de San Martín.

Un día que mi madre me traía al Colegio de la Doctrina para que me alimentasen, recoge a un niño abandonado a la puerta de una iglesia y lo lleva a nuestra casa y lo cría hasta su muerte.

¡Cuán grande es la gracia y misericordia de Dios Nuestro Señor!, que mueve el corazón de los que Él elige a realizar tan humanas y dignas acciones con los más desdichados en la fortuna, que tales obras le enriquecen el espíritu cristiano y aguardan mejor premio por sus tantas desgracias.

¡Cuánta necesidad y miseria aplaca el buen hacer de la Iglesia, al que todos acudimos y nos beneficiamos a fin de remediar faltas y pobreza! Amarga lección del hambre que aprendimos desde niños en nuestra casa y que si estuviera en nuestras manos quitaríamos de la tierra para hacer sonreír a los hambrientos, proporcionándoles gozo y alegría.

4

Es el año de 1563 cuando termino los estudios de humanidades en el Colegio de la Compañía. Mi protector, don Alonso Álvarez de Toledo, que tiene cuidado del hospital, echando de ver lo que he de ser por las grandes muestras que doy de virtud, según el buen juicio que tiene sobre mi persona, me ruega que cante allí la misa y me quede por capellán del hospital. Y no es el único que hace ofertas y me aconseja lo que he de hacer.

Por ser muchos los dones que Dios me ha favorecido como la virtud y la buena inclinación que tengo, me estiman, me quieren y me hacen sitio en algunos conventos para que sea religioso, como si yo no lo hubiera ya determinado.

He puesto los ojos en la Orden del Carmen, y así me voy muy secretamente al convento de Santa Ana del Carmen de esta villa, donde pido el hábito, y el prior de los frailes, fray Ildefonso Ruiz, me lo da con mucho contento.

El convento de señora Santa Ana, «eregido por el Rmo. P. Fr. Diego Rengifo, confesor que fue de la Majestad de Carlos V, religioso del mismo Orden, por escritura que otorgó el Rmo. P. Fr. Diego Rengifo, del Orden de Nuestra Señora del Carmen y confesor de la Majestad del emperador Carlos V ante Juan Sánchez Canales, escribano de número de la ciudad de Toledo, su fecha en ella veinte y

Felipe II defendiendo la Fe de los ataques de los herejes, según un grabado de Pedro Perret. *(Foto Archivo Espasa-Calpe)*

seis de julio de 1560 y en virtud de bula expedida a su favor por nuestro Smo. P. Paulo III, hizo gracia y donación a este dicho monasterio de Santa Ana, que había fundado en el sitio que se le hizo merced por su Majestad, de todos los ornamentos de plata y otras cosas que al presente tenía y quedaban por su fin y muerte».

También lo hizo de «las casas que tenía junto al dicho monasterio con su bodega y cubas, vino y lo demás que en ella tenía, las que hubo de Rodrigo de Dueñas».

Igualmente hizo dicha donación «de todas las casas, prados, huertas o tierras que poseía en la villa de Zofraga y sus contornos como en otra cualesquiera parte. También palomar, tierras y viñas que tenía en el lugar de Pozáldez y su término».

Asimismo hizo dicha donación a este monasterio «de todas las cantidades en maravedís que le estaban a arriendo y debieran hasta su fin y muerte: todas las cuales cantidades las cedió y renunció y traspasó en dicho monasterio en propiedad y posesión con la carga y obligación de tener siempre un lector de gramática y otro de artes, que les enseñasen públicamente en dicho monasterio, así a los religiosos de él como a todos los de la villa y su comarca y otras cualesquiera parte, cuyos lectores fuesen religiosos de la dicha Orden».

Y todo esto que narro está escrito en el Libro de Becerro de todos los instrumentos de la Hacienda que pertenece «a el convento de Señora Santa Ana, Orden de la Madre de Dios del Carmen de Antigua observancia de la M.L.N. y C.S.v.ª de Medina del Campo, hecho en este año de 1578, siendo prior del dicho convento el R. P. Mtro. en sagrada Teología Fray Fernando Álvarez».

He cumplido los veintiún años cuando tomo el hábito marrón y blanco de carmelita con el nombre de fray Juan de Santo Matía. Desde la fundación de este convento, hace tres años, sólo han profesado cinco novicios. Yo soy el sexto.

¿Por qué me hago religioso? ¿Qué me impulsa a entregar mi juventud a unas reglas que en la teoría son rígidas, llenas de abnegación y continencia, en esta época en que la frivolidad de la vida llega hasta los conventos?

Del Colegio de la Compañía hemos salido ocho estudiantes para entrar en religión; cuatro en Santo Domingo, tres en el Carmen, incluyéndome yo, y uno en San Francisco.

Los superiores están de tal forma satisfechos, que uno de ellos, viéndonos tan bien instruidos, así en letras como en virtud, dice a sus frailes:

«Padres, dejemos de leer teología y predicar y démonos a leer gramática, porque pienso haremos más provecho por esta vía, que es tomar la instrucción de las almas de fundamento, como hacen los padres de la Compañía.»

El maestro de novicios dice a uno de los frailes, que le pregunta por nosotros, que estamos tan bien impuestos en las cosas de virtud que no tiene que hacer con nosotros más que procurar que no perdamos lo que tenemos.

He pasado el año de novicio sumido en la continua reflexión y meditación del camino emprendido alternando con mucha humildad el ejercicio de oficios trabajosos con las devociones piadosas, y ayudo con devoción a las mismas con deleite, caridad y ardor encendido en el amor a Dios, con gran gozo y contento. Además, compongo algunas canciones pastoriles, las cuales son hechas como oraciones y comunicación con Dios Nuestro Señor.

Pronuncio los votos ante el padre Alonso Ruiz, superior, y como testigos, el padre Ángel de Salazar y don Alonso Álvarez de Toledo.

Estoy seguro que tanta manifestación e insistencia de mi total entrega a la vocación que mueve mi espíritu parecerá reiterativa y fuera de lugar, pero es que yo ruego con ansias al Señor para que guíe mi razón en todo lo que más le haya de agradar. Soy fraile y me esfuerzo en todo aquello que más pueda merecer ante el Señor, que al ser deber no merece más elogios, y sí quiero dar a conocer, con la garantía y autenticidad que prueban documentos y escritos, la época y el tiempo que me ha tocado vivir.

Este mismo año se publica el libro de la *Vida de la Madre Teresa de Jesús* y la lectura de este edificante libro hace que me interese por esta gran mujer y religiosa, lo mismo que por su labor de reforma; porque, dejado llevar por otras ansias de mi deber como religioso, no me da satisfacción lo que veo a mi alrededor, y a través de sus ideas claras y pensamientos se abre en mí el nuevo camino de perfección tan deseado.

Transcurre un año y mis superiores deciden mi ingreso en la Universidad de Salamanca, donde me traslado a primeros de enero del año 1564.

El Colegio de San Andrés está junto al Colegio de San Esteban, separado por una tapia medianera y muy cerca del río Tormes. Es el convento que tiene mi orden para que los estudiantes presbíteros de toda la Península, por unos diez ducados anuales, puedan ampliar sus conocimientos y especialidades a fin de adquirir suficiente formación y conocimiento para realizar mejor nuestra misión religiosa.

Es en el capítulo celebrado en Roma el 21 de mayo de este año donde se destaca que los estudiantes del Colegio de San Andrés sean alimentados y atendidos digna y abundantemente y que sean acogidos de buen grado.

Tampoco nos obligan a decir misa a diario; sólo dos días a la semana. Por el contrario, no podemos salir del colegio nada más que para asistir a las clases de la universidad y debemos ir de dos en dos, con la capa blanca y la compostura religiosa que nos singulariza y distingue. La vida aquí en el colegio se desarrolla con extremada disciplina y rigor. Al que infringe el reglamento se le castiga con dureza.

En el Colegio de la Compañía me impuse en latín, retórica y aproveché en otras letras humanas por lo que el dominio perfecto del latín y de la gramática me facilita la entrada en el Colegio de San Andrés.

El día de los Reyes, a 6 de enero de 1565, a fray Pedro de Orozco, condiscípulo de Medina del Campo, y a mí, nos matriculan en la Universidad de Salamanca y pagan cinco maravedís por estudiante. Están exentos los hijos de los doctores y maestros, que los han de matricular gratis, y los gramáticos, a tres maravedís. Poco después juramos ante el rector de la Universidad y Estudios de Salamanca, don Diego Dávalos, el juramento del Estatuto.

¡Cómo Dios Nuestro Señor me regala con la inteligencia de los mejores maestros en la ciencia de la razón! Muy agradecido le estoy, porque yo, un pobre fraile que siempre vivió de la caridad, tengo acceso a las aulas de esta universidad en las que han dado magistrales lecciones profesores tan conocidos e insignes como Elio Antonio de Nebrija, Nalón Chaide, Nieremberg, San Ignacio de Loyola, Juan de Mena, Saavedra Fajardo, cardenal Cisneros, y como alumnos ilustres, el príncipe don Juan, hijo de los Reyes Católicos, nuestro emperador Carlos...

Aquí no es difícil enriquecer y alimentar el espíritu con maestros como Domingo Soto, buen conocedor de la obra de Aristóteles, a quien por estar enfermo le sustituye Gregorio Gallo, que explica la asignatura de escritura; Melchor Cano, autor de *De locis theologicis*, fieles seguidores de la llamada escuela salmantina, y —cómo no— a fray Luis de León, que explica teología en la cátedra de Durando, agustino, al que profeso veneración y que tanto bien me produce la

Aula de Fray Luis de León en la Universidad de Salamanca. *(Foto Oronoz)*

lectura de sus versos y su prosa. Además, leo todo cuanto cae a mi alcance por el mucho deseo de encontrar la verdad.

Cuando mis trabajos y ocupaciones lo permiten, salgo a respirar el aire en esta Salamanca, corazón de Castilla, sosiego y remanso para el que busca la paz interior sobre todas las cosas en la cultura, acariciada por el Tormes, tan solemne él como las piedras de las iglesias o de su puente romano, que recorta la visión de un cielo sin nubes que perturben su grandeza. Hasta mi celda llega el olor de los valles y encinares, el sonido acompasado de las esquilas y el canto revoltoso de los pájaros.

Y es en esta tierra, en Ciudad Rodrigo, donde nace el historiógrafo de nuestro emperador Carlos, el que escribe la continuación del *Amadís,* y también en La Encina, cuna del autor de comedias Juan de la Encina, que escriba sus preciosas *Églogas* y el *Cancionero.*

Y voy creciendo con provecho en el saber y procuro sin tibieza mejor vencerme en la lengua y saber sufrir al prójimo y sufrirme a mí mismo.

5

La universidad significó desde su concepción como una auténtica corporación, y atendiendo al *Libro de las Partidas* de Alfonso X el Sabio:

> «Ayuntamiento de maestros y de escolares que es fecho en algún lugar con voluntad e entendimiento de aprender los saberes.»

En el año 1208 se fundaba la primera universidad de España en Palencia. Antes del año 1250, la de Salamanca, y hacia el año 1300, la de Lérida, siendo Huesca y Perpiñán universidades para los estados de la Corona de Aragón y la de Coimbra para Portugal, y así hasta treinta y cuatro durante un siglo.

La Iglesia interpretó el papel decisorio para este buen hacer, y aunque el emperador del Sacro Imperio Carlos I saquea Roma durante ocho meses por sus desavenencias con el papa Clemente VII, su hijo Felipe II dispone todos los recursos a su alcance para defender a la Iglesia, tomando a sus más egregios doctores para que den un nuevo impulso al pueblo que necesita creer en la pureza de su san-

Salamanca desde el Tormes. *(Foto Everts)*

gre, y a través de la cultura conocer sus raíces y el porqué de sus vidas.

De toda la Península acuden jóvenes a Salamanca para hacer sus estudios. Viven como internos en colegios, observando una disciplina rigurosa, muy parecida a la de los religiosos pero con otras licencias. Para entrar en ellos hay que tener cumplidos los dieciocho años. Todo lo tienen reglamentado y constituido, de tal forma que hasta las viandas que han de comer las tienen racionadas.

Tampoco se puede salir del colegio sin uniforme, y cuando se cierra la puerta exterior todos deben permanecer en él. Algunos jóvenes más divertidos desobedecen y aprovechan la noche para dar suelta a sus andanzas y correrías, no muy edificantes para este fraile, que sólo debe hacer práctica del examen particular y cotidiano de la conciencia y no hacer juicios sobre otras conductas. Si dichas faltas de disciplina son conocidas se castiga a los estudiantes a comer sin vino o ayunar a pan y agua.

De los cuatro colegios universitarios que acogen a estudiantes seculares, el mayor es el de San Bartolomé. Y está ordenado que los estudiantes de esta universidad anden honestos en su vestir y traje: que ninguno pueda traer ropa de seda o cosa guarnecida con ella, ni gorra, ni capa, ni sombrero de seda o lana, sino loba o manteo y bonete castellano. El estudiante que use otras ropas es despojado de ellas y se le encarcela por cuatro días. También hay estudiantes que cursan en condición de pobres de solemnidad, que sólo llevan una gorra humilde y deteriorada.

Los bancos de las aulas son de madera, largos y sin respaldo. Algunas veces asistimos a las clases de pie cuando es importante la ponencia y el conferenciante. El profesor hace sus exposiciones de memoria y obligatoriamente en latín, desde un púlpito de madera situado frente a los alumnos. Sólo el actuante que permanece sentado al pie del púlpito, lee el texto que después comenta el maestro y que repite unas tres veces las conclusiones que deben retener los discípulos. Si los profesores hablan deprisa y a los alumnos no les da tiempo para tomar anotaciones, patean.

Los Estatutos de la Escuela prohíben dictar las lecciones, por lo que todo maestro que lo haga es sancionado con el pago de un ducado. Más de una vez sancionan a fray Luis de León porque siente predilección por el castellano para comentar teología, aunque lo hace en latín como todos los catedráticos, y el que falta a esta disposición paga tres reales de multa.

Patio de la Universidad de Salamanca. *(Foto Rodríguez Ramos)*

Según los Estatutos de la Universidad, los regentes de *Summulas* leen términos y parvos logicales hasta Navidad... Lo mismo, en el segundo año de lógica desde principio de San Lucas hasta fin de mayo, que leen *Perihermenias,* y todo lo restante de lógica de Aristóteles... Desde el 1 de junio hasta vísperas de vacaciones leen la *Física* de Aristóteles, lo mismo en el tercer año leen *De generatione,* el *De coelo* y todo lo restante de filosofía.

Entre nosotros discutimos en latín, pero también lo hacemos en lengua romance.

En las cátedras de prima y vísperas se han de leer los cuatro libros de las Sentencias del Maestro, como manda la constitución... Los cuales dos catedráticos de prima y víspera son obligados en los principios de las cuestiones a leer la letra del Maestro que a ellas corresponde, declarando las conclusiones y autoridades del Maestro y de los doctores que tratan aquella materia y que es comúnmente aprobado o no.

Las doctrinas que se escuchan en las aulas de teología son las de Pedro Lombardo. Hay otros maestros que, a pesar de estar en la cátedra de Santo Tomás, exponen doctrinas contrarias al mismo. En la cátedra de fray Luis de León, en la de Escoto y en la de Durando hay libertad para que se impugnen las doctrinas que están obligadas a darse.

Se refuta el pensamiento de Aristóteles con razonamientos platónicos y hasta se recrean en las teorías de Avicena y Averroes, y sobre todo en la influencia del pensamiento árabe.

Los teólogos cristianos medievales, con su forma de actuar y proceder, que ellos aceptaban la analogía que para ellos existía entre las espiritualidades cristiana e islámica, ofrecen un claro testimonio análogo al de los sufís ascéticos y místicos.

El Islam asimiló otras ideas procedentes del neoplatonismo alejandrino, del gnosticismo, del mazdeísmo persa y hasta del budismo de la India.

Si queremos dar una dimensión concreta y satisfactoria sobre nuestra doctrina no podemos prescindir de la enseñanza islámica, de su mucha y variada influencia en nuestra cultura y hasta en nuestra doctrina.

Por vez primera empiezo a ver claro sobre la predestinación del hombre, aunque algunos teólogos, de no muy claro entendimiento, afirmen que «fuera de la Iglesia no hay salvación».

Dios no niega su gracia al que hace lo que está de su parte. Y este pensamiento es de un místico del Islam, Abenarabi, que mucho escribió sobre los estados del alma y sobre la importancia de las obras diciendo que las obras son juicio infalible para valorar los estados de alma, porque debo admitir que, al ser educados y enseñados con una ideología ascética, fundamentalmente cristiana, practiquemos las virtudes cristianas.

A nadie extraña las opiniones del maestro Enrique Hernández sobre la posibilidad de la creación, no sólo en Dios, contra Aristóteles, Santo Tomás y Averroes. Aquí todo se discute, pero hasta el límite de la fe, que es inamovible. Cuando alguien no cumple el acato debido, recibe denuncias e interviene la Inquisición. Las aulas de la universidad están abiertas a cualquier movimiento cultural de la índole que sea, una vez discutido para su aceptación o rechazo.

En este período me entrego con empeño al estudio de los sabios maestros, consagrado por entero a la reflexión como única llave del conocimiento que me ha de acercar a la Eterna Visión. Y reparto mi tiempo en las obligaciones como estudiante de la universidad y como religioso carmelita del Colegio de San Andrés, que disfruta desde hace tiempo de categoría de *Studium generale,* en el que recibo la enseñanza de doctrinas de los doctores de la orden en las clases del colegio, que alterno con las de la universidad.

En el Colegio de San Andrés nos instruyen en su escuela filosófico-teológica, que representan dos maestros insignes, carmelitas, Juan Baconthorp y Miguel de Bolonia, cuyos libros se guardan en todas las bibliotecas de la orden. En España tenemos preferencias especialmente por Juan Bacón. Las diferentes doctrinas que aprendo en el colegio y en la universidad van fortaleciendo mi entendimiento, que sostiene mi espíritu en continua vigilia, sintiendo la necesidad de vivir apartado del mundo para ver a Dios en todas las cosas.

Me han dado el cargo de prefecto de estudiantes, cuyo nombramiento fue hecho en el mismo capítulo de Ávila, que comenzó el 12 de abril de 1567 bajo la presidencia del padre Rubeo, por lo que debo explicar una clase, defender tesis públicas e intervenir con el maestro regente en la solución de las dificultades..., y dar así ocasión de probar mi aventajado conocimiento y preparación cultural, que sólo es mérito de Dios y gracia que deposita en este religioso.

A la universidad voy acompañado por mi condiscípulo fray Alonso de Villalba. Al terminar el tercer curso de artes en la universidad, antes de matricularme como teólogo, debo sufrir una prueba difícil, una discusión pública contra las objeciones que presenten los teólogos más antiguos de la facultad. El discurso que presento trata sobre los resultados que he sacado de la falsa ascética-mística, el mal entendimiento de la contemplación y de su práctica.

He leído a San Dionisio y a San Gregorio y siento una gran predilección por el estado místico. La visión beatífica tipo de modelo de la visión extática de este mundo, expuesta por Santo Tomás de Aquino, se basa en los principios de Averroes y Avempace, místicos sufís que yo asimilo para mayor conveniencia de mi espíritu. Dios me otorga muchas mercedes y he aceptado la obediencia, humildad y negación de la voluntad como el mejor camino para la unión con Dios y purificación del alma. Busco en los sacramentos de la confesión y de la comunión eucarística esa fuerza que necesito a fin de llevar una vida ejemplar y entregada a lo que Dios me dispone.

En el Colegio de San Andrés vivo en una celda estrecha y oscura, recogido en el estudio, la meditación y el silencio; que no salgo de ella más que para los actos y servicios de la comunidad.

Así pues, los nuevos teólogos, según el mismo Capítulo general de la Orden de 1548, tenemos que escuchar teología escolástica normalmente por dos años. En el primer año escuchamos el primer y segundo libro de las Sentencias; y en el segundo, el tercero y cuarto. Y de ningún modo es permitido asistir a otras lecciones de Teología, a no ser que los maestros de las Sentencias nos den lecciones *quodlibetales* o, del mismo modo, de teología escolástica.

Llevo una vida austera y sé que en el convento admiran mi conducta, aunque ignoran lo bastante costosa que es conseguirla a base de mortificaciones, cilicios, ayunos y disciplinas.

A mi condiscípulo fray Alonso de Villalba, cuando está reunido con otros religiosos y habla en tiempo que no debe hacerlo, le reprendo; lo mismo que al resto de los religiosos, aun siendo mayores que yo. Y no les debe molestar, porque lo hago movido por el celo de que se cumpla la obediencia. No sé por qué me comparan con el diablo, que en alguna ocasión les he oído decir si no obraban bien: «Vámonos de aquí, no venga aquel diablo.»

Duermo en una especie de artesa sin colchón, con un madero por cabecera, que más parece un ataúd que una cama. Y así dedico menos tiempo a dormir y prefiero el examen de los pensamientos al examen de las ocupaciones y palabras para dar otra variedad al camino de la perfección espiritual. Tomo cuenta a mi propia alma de cuanto durante el día pudiera hablar y obrar y pienso de qué manera mejor lo hubiera realizado.

Un ventanillo da al sagrario desde mi celda y del techo a través de un agujero llega la luz natural a mi mesa de estudio. Vivo en la más grande pobreza que me haga digno ante la misericordia de Dios.

Dejado llevar por la concupiscencia de la carne y la ambición de los honores, no podría invitar con mi ejemplo a la práctica de las virtudes en que se basa la perfección ascética y mística: pobreza, castidad y obediencia; por lo que debo luchar sobre todas las cosas y esforzarme por conseguir y defender las virtudes ascéticas y místicas de un monje cristiano.

Acabado ya el curso de mis estudios en la Universidad de Salamanca, habiéndome ordenado de misa y con veinticinco años cumplidos, me vuelvo al convento de Nuestra Señora del Carmen de la villa de Medina del Campo, en donde canto misa en el verano de 1567.

6

En la Universidad de Salamanca, aunque yo sólo he dedicado pensamiento y corazón a lo contemplativo, me ha tocado vivir el cambio trascendental de gran proliferación religiosa e intelectual, y suelo escuchar entre compañeros las más disputadas opiniones de los conservadores, que sólo creen en la salvación de la integridad histórica de España si se conserva su pasado. Pero esto no es el pensamiento generalizado. A veces dudo de esa nueva transformación de la sociedad que nos ahoga. La España del Renacimiento combate duramente y la Contrarreforma cierra toda esperanza de cambio.

Con humildad y obediencia (método purgativo en mi camino de perfección), acepto la doctrina de esta Iglesia, aunque yo la transforme en un acorde espiritual. Y tampoco puedo desligarme de mi tiempo, en el que me he formado.

Yo creo que todos somos débiles pajarillos que necesitamos sostenernos en las ramas. Para mí el amor de Dios es mi rama, mi apoyo y descanso para seguir esa búsqueda ascética-mística con el Amado. Pero el Santo Oficio procura emitir un veredicto justo y la pena de muerte constituye una pequeña parte de la sentencia a todos aquellos que tienen miedo a la verdad.

¿Qué puedo opinar sobre la institución del Santo Oficio si me opongo a la violencia, si mi única meta es el amor de Dios compartido? ¿Debo aceptar este remedio contra la herejía? No pretendo alejarme de mi tiempo histórico, pero, a mi juicio, pesa más la condición del hombre libre y bueno que la de un tajante inquisidor. Mi padre confesor dice que poseo un alma blanda, humilde, mansa y paciente. Y estas cualidades son ajenas a la Inquisición.

La Reforma católica, como consecuencia de la división de la Iglesia occidental, intenta de nuevo llevar a cabo la renovación por medio de la fundación de órdenes religiosas y renuncia a la práctica de la dispensa, a fin de combatir el fenómeno de un clero poco religioso y mal formado, que además está demasiado vinculado al afán de riqueza, concubinato... No bajaré a detalles que desviarían mi relato y que mi vocación de religioso pueda entristecerse.

Es la época del Absolutismo, inspirado en el modelo del Imperio romano y en la teoría de Maquiavelo. Yo sé que el pueblo teme a la Inquisición: porque no sólo se pierde el honor, sino las propiedades, que son confiscadas, siendo esto último motivo del santo interés por los dignos y serios funcionarios del Santo Oficio. ¿Acaso no son los inquisidores, políticos...? ¿Quiénes se benefician del tribunal del Santo Oficio? ¿Por qué el inquisidor ejerce otros cargos...? No sólo hay que ser cristiano o ser tenido por tal sin parentesco judío, moro ni hereje, sino también parecerlo. Grande sabiduría es saber callar y no mirar dichos ni hechos ni vidas ajenas. Está claro que la mayoría de veces los mejores hombres son llevados al Santo Oficio por envidias.

Mucho significa la Inquisición, pero los juicios y conceptos dentro de la objetividad que formulan no ya los detractores de la fe católica y de su Iglesia, sino los propios católicos más enfervorizados, ante los procedimientos injustificados, el secreto en las denuncias, penas y todo lo que conlleva, hace que me revele interiormente, que sólo me produce malestar, y aunque me parece terrorífica la imagen del llamado Santo Oficio, no puedo comentar mi enjuiciamiento ni con mi propio confesor.

Lo que sí es cierto y verdad es que la opinión de judíos, creyentes y protestantes es coincidente. Con un espíritu liberal mostraré a través de la historia lo que es, muy sistemáticamente, el Santo Oficio, que no perdona ni a los grandes hombres que no están conformes con su condición de oprimidos por unas leyes que bajo el nombre de Dios asesinan todos los principios y derechos humanos en su propio beneficio, con la especulación más desvergonzada de su jurisdicción, atropellando lo más hermoso del hombre: su libertad. No comprendo estos procedimientos. Los hombres de mi época siempre están arriesgando su vida en las guerras, y un sentido casi profano les hace despreciar las consecuencias de una vida fugaz vivida intensamente.

Convento de Santa Ana del Carmen. Detalle de la fachada y claustro, en Medina del Campo. *(Fotos T. Pintos y Oronoz)*

Tumultos y revueltas en Flandes, sublevación de los moriscos granadinos... Las arcas del emperador no resisten el pago de soldados mercenarios ni el mantenimiento de las orgullosas mesnadas, y es la Inquisición su único recurso.

Mediante la iluminación e inspiración divinas, en el verano de 1567 tomo conciencia de mi verdadera vocación y como respuesta, la encuentro en la búsqueda de la verdad para conseguir la felicidad última a través de la razón filosófica y teológica y el esfuerzo cotidiano como norma.

La víspera de Nuestra Señora de Agosto, a las doce de la noche, ha llegado a Medina del Campo la madre Teresa para fundar el segundo convento de Descalzas. El 12 de abril de este año ha recibido la visita de fray Bautista Rubeo, el general de la orden en el pequeño convento de San José de Ávila, y temía dos cosas: la una, que se había de enojar con ella...; la otra, si le había de mandar tornar al monasterio de la Encarnación... Ella le ha dado cuenta con toda verdad y llaneza... y casi de toda su vida. Mas la reformadora recibe el gran consuelo con beneplácito del general de la orden, y también la patente firmada por el padre Rubeo, fechada en Madrid el 16 de mayo, en la que dice: «Por autoridad de nuestro oficio general, damos facultad y libertad a la dicha reverenda Madre, hija nuestra, Teresa de Jesús, que en cada lugar de los reinos de Castilla (si bien fuera la Andalucía) que pueda recibir, tornar, aceptar, erigir y fundar monasterios de monjas que sean debajo de nuestra obediencia regular, y no de otra manera. Y que sea obligada a vivir ella y las monjas que fueren según la primera Regla y nuestras Constituciones... Ni ninguno de nuestros inferiores frailes y monjas pueden impedir esta nuestra voluntad, so pena de rebelión y censuras graves.»

La madre Teresa ha resuelto las primeras dificultades que su reforma le traerá consigo. Las monjas de la Encarnación no aprueban con buenos ojos los planes de esta monja, y todavía menos los frailes de otras órdenes, el propio Concejo con las autoridades de Ávila, que hasta le han puesto denuncias contra el primer convento de San José. Por fin la virtud y tesón de la madre Teresa consigue vencer tanta adversidad, y ni la fuerza ni la justicia, a pesar del poder que ejerce, pueden contra los fines reformadores de la madre Teresa.

Vivimos un período de cambios religiosos. Las guerras dinásticas propician cambios políticos. Los Habsburgo y los Valois comprometen a las restantes naciones en sus luchas personales. Italia es ambicionada por el resto de Europa por su gran potencia cultural Francia,

Alemania y España son sus más codiciados pretendientes, que intentan hacerse con Italia, abierta a la cultura del Renacimiento. El pueblo está cansado de tantas luchas inútiles y, en toda Europa, lo que quiere es vivir, tener alegría. Y lo consigue con la música y el teatro, que están a su alcance.

Por otro lado, la Reforma es mucho más que un movimiento dirigido contra los abusos de la Iglesia romana. Ante la escasa cultura de los clérigos (muy pocos desarrollan una conducta de conformidad con la fe que predican) y el poco respeto que su mal ejemplo produce al pueblo, que no se conforma con aceptar la verdad si no la comprende, surgen los llamados reformadores, para ordenar y devolver a la Iglesia su verdadera razón e integridad.

La Iglesia actual negocia con todo el ser humano que se acerca con la mejor voluntad y hasta vende las indulgencias o el perdón de Dios que liberan a los humanos de sus culpas y permiten a la vez otros desórdenes.

Quisiera ver con las luces de mi entendimiento los dogmas, los principios morales, rituales y ascéticos que me sean necesarios para ser un digno fraile capaz de convertir mi alma en sede de la gracia y casa de Dios y poner remedio a tantos infortunios con su ayuda.

Los Estados Pontificios y Venecia disfrutan de autonomía y libertad. Milán y Nápoles dependen de España, y Florencia se ve obligada a convertirse en ducado gobernado por los Médicis, subordinados también a nuestro emperador Carlos.

La nueva casa para convento no reúne las condiciones adecuadas, por su mal estado. Fray Antonio Heredia, prior del convento de Santa Ana, ya se lo advierte a la madre Teresa cuando sale a su encuentro hasta Arévalo, dándole suficiente información sobre el mal estado de la casa adquirida para la nueva fundación, compra de la que él mismo se ha encargado.

La madre Teresa y sus monjas, cuando llegan a Medina del Campo, pasan la noche en la planta alta de la casa de un mercader, Blas de Medina, situada en la Plaza Mayor. Díceles que pueden estar como en casa propia el tiempo que precisen.

Fray Antonio de Heredia las recibe a su llegada y les envía de comer a las sobredichas y a los mozos que vienen con las monjas. Y el día 15, como se tenía fijado, se inaugura la que será nueva casa de la fundación. Fray Antonio Heredia les presta de la iglesia de Santa Ana todo lo necesario para vestir el altar. De dos clérigos de las monjas se recoge un real; cómprase una lámpara y mechero y dos panillas de aceite para el monasterio nuevo con 48 maravedís. Estos datos se pueden comprobar en el Libro de gastos de los carmelitas de Santa Ana de Medina.

«En el año del Señor 1567, siendo provincial de la provincia de Castilla de la Orden de Nuestra Señora del Carmen el padre maestro fray Alonso González, y prior del monasterio de Santa Ana, de la villa de Medina del Campo, de la misma Orden, fray Antonio de Heredia, salió el dicho padre prior, por mandato de dicho padre provincial a hacer oficio de vicario provincial y visitar por él algunos conventos, y entre otros fue Toledo. Y, estándole visitando, vino un despacho de Roma encaminado al padre maestro fray Mariano de León, procurador general de estas provincias de España, el cual era una licencia... para fundar uno o dos conventos de religiosos recoletos de la misma Orden, donde se guardase la Regla primitiva, y que estuviesen sujetos al provincial de Castilla; y para que viesen si era conveniente el hacerse, remitióse la dicha licencia al padre maestro fray Alonso González, provincial que al presente era, y al padre maestro fray Ángel de Salazar, prior de nuestro convento de Santa María del Carmen, de la ciudad de Ávila, los cuales, viendo que era cosa en que se servía a Nuestro Señor... diósele (al padre Antonio) la licencia del reverendísimo general y el parecer de los padres maestros a quien vino cometido, sacando un traslado de la dicha licencia, el cual traslado quedó en poder del padre maestro fray Mariano de León y le sacó por mandato suyo fray Juan Bautista Figueredo.»

La madre Teresa recibe la autorización del general y ha determinado muy en secreto tratarlo con el prior de aquí, para ver qué le aconseja sobre la reforma de los frailes. Y así lo hace. Él se alegra mucho cuando lo sabe y le promete que será el primero. La madre Teresa lo toma por cosa de burla y así se lo dice; porque aunque siempre fue buen fraile y recogido y muy estudioso y amigo de su celda, que es letrado, para principio semejante no le parece seria, ni tenía espíritu ni llevaría adelante el rigor que era menester, por ser delicado y no mostrado a ello. A pesar de su intento de pasarse a la Cartuja, que ya le han dado palabra de admitirle y ser un hombre docto y buen predicador. Es tan pulido en su modo de hábito y curiosidad de celda y adorno de ella, que parece uno de los que autorizan la religión más con autoridad del mundo y estima que con menosprecio y bajeza. Y la madre Teresa, firme en sus decisiones, le dice que si quiere tomar el hábito Descalzo, dejando el que tenía, debería aguantar el rigor que le va a exigir la Reforma; que no duda de sus buenos deseos e

Santa Teresa, según un grabado del Museo Municipal, Madrid.
(Foto Archivo Espasa-Calpe)

intenciones, pero que sería mejor un fraile más joven y dispuesto a soportar contratiempos.

Fray Pedro de Orozco, joven, estudiante de teología en la Universidad de Salamanca y presbítero, tiene una larga conversación con la madre Teresa de Jesús y tras un serio e inteligente sondeo sin revelar sus intenciones de reformar a los frailes carmelitas, fray Pedro de Orozco no se muestra con suficiente entusiasmo para seguir los deseos de la madre Teresa. Al preguntarle por algún otro joven carmelita con preparación universitaria como él a quien puedan interesarle estos proyectos... fray Pedro de Orozco le habla de mí, que me encuentro también en Medina del Campo, porque he venido como él para cantar la primera misa. Le da mi nombre y hace un generoso elogio de mis cualidades y virtudes. La madre Teresa tiene urgencia por conocerme y así lo manifiesta a fray Pedro de Orozco, que me habla, tan pronto como llega al convento, de ella y de que es posible me interese concocerla.

Antes de iniciar el último curso en la Universidad de Salamanca me encuentro con ella y hablamos largamente de todos los asuntos que a los dos nos preocupan.

La madre Teresa tiene cincuenta y dos años y está llena de fuerza, energía y santidad, que le hacen parecer más joven. Me habla de sus proyectos sobre la reforma tan necesaria para los frailes que ya se lo ha dicho a fray Antonio de Heredia, que ya dispone de la patente del general autorizando la fundación de dos conventos en Castilla y de lo mucho que espera de mí.

Conténtame mucho el espíritu noble y cristiano de la madre Teresa de Jesús, y le digo que desde hace tiempo vengo pensando el tomar hábito de cartujo para así ejercitar mejor mi alma al sacrificio y a la oración; pero veo los buenos principios de la Madre y doy gracias a Nuestro Señor porque al fin encuentro mi verdadero camino. Sin comentar ni hablar con mis superiores, por mejor discreción sobre mis proyectos e intenciones con la madre Teresa, el 24 de noviembre me hacen la matrícula en la Universidad de Salamanca como teólogo junto con fray Pedro de Orozco.

Entre tanto, la madre Teresa continúa sus viajes hacia Ávila, Madrid, Toledo y Malagón, pensando en negociar todo lo preciso para adquirir un nuevo convento para los frailes descalzos.

7

Es el año 1568. El rey Felipe II hace un año que ha impuesto toda clase de medidas contra las prácticas islámicas. Los moriscos de Granada se rebelaron y los musulmanes africanos atacaron Chipre y Argel y reconquistaron Túnez. El rey llamó a su hermano Juan de Austria y éste reunió a sus tropas del sur de Italia, exterminándolos cruelmente en castigo a los cientos de cristianos que fueron muertos durante la rebelión. Los moriscos fueron deportados, y en su lugar se trajeron unos 12.000 campesinos cristianos del norte de la Península.

De nuevo me encuentro en la Universidad de Salamanca para finalizar mis estudios de teología. Los más fervorosos e hipócritas guardianes de la religión no perdonan a Desiderio Erasmo de Rotterdam que fuera hijo ilegítimo de un eclesiástico que satirizara a los monjes ociosos, a los eruditos engreídos y a los papas indignos, y que ahora sea una de las figuras principales del pensamiento filosófico de la época, ya que, debido a sus investigaciones y estudios, es el puente que une el movimiento místico, más conocido como *Devotio moderna,* y la vuelta de los clásicos en Italia.

Fue monje como yo, pero, incómodo y desencantado, huyó a París con la excusa de perfeccionar sus conocimientos en teología. Su confirmación e interés por el estudio de los clásicos, su poesía filosófica y su mucho saber del mundo antiguo era para mejor entender las Escrituras y huir de falsas interpretaciones, amalgamando así el mundo de la antigüedad con el del cristianismo.

La lectura de su Nuevo Testamento, sobre todo el prefacio, me convence, porque no sólo acepta la doctrina de la caída en el pecado, sino también la confianza en la bondad del hombre y en su capacidad para perfeccionarse. Hay muchos que todavía no lo comprenden y no pueden disimular su rechazo porque se olvidan que antes que en la religión se debe pensar en el hombre, y la educación tiende a desarrollar todas las facultades humanas: misticismo y humanismo. Para llegar al mayor grado de perfección del alma no debemos desconocer lo humano. Aunque siempre se ha perseguido a los que han mostrado cierta independencia de espíritu.

Vivo consagrado a la mortificación, al combate espiritual en la vida devota, pero sin abandonarme en el estudio y en los ejercicios poéticos que ya en el siglo XI se tenía por el uso de la rima o de redactar en prosa artística. Yo entiendo que la cultura es una prolongación del cultivo de la naturaleza, de la semilla del espíritu, de las ramas del saber, de la cosecha que está por llegar y al mismo tiempo jardín de la mitad de las flores conocidas en Europa, vigía de una fuerza primitiva de profundas raíces y tradiciones, espadaña a través de los siglos en la evolución del hombre que ha dado cobijo a las gentes del Norte, a la luz del mediodía mediterránea y a la arena del desierto, desde las Columnas de Hércules hasta el *Finis terrae*. Su luz ilumina instituciones universales y religiosas. El individuo se hace nación y se le queda estrecha la tierra buscando el horizonte del mar.

He tenido que familiarizarme con el pensamiento de otros pensadores aquí en la Universidad de Salamanca para darme cuenta de que la semilla es siempre universal, busca el cielo antes que la tierra y el viento jamás doblegará su cabeza.

La Corona hace su propia Iglesia y a sus reyes súbitos por la gracia de Dios. Si la piel de toro es Aragón, su corazón es el espíritu de Castilla. Es difícil admitir su unidad sin estudiar o analizar el conjunto. Y la soldadura de sus elementos forman la pluralidad de su forzada unidad. En sus tierras germina la palmera, el roble, la vid, el almendro, el maíz, el olivo, el trigo y tantos otros que sirven de pan y alimento.

¿Es posible la convivencia? Y llegan dos pueblos: el árabe, portador de su astronomía, del álgebra y de la poesía; el judío, con su comercio y medicina, y durante cuatrocientos años convivimos. Un ejemplo de convivencia es la creación por el judío Moshéh ben Hanoch de Sura de la «escuela de traductores» de Córdoba.

En el siglo XII surge la escuela de traductores de Toledo, en tiempos de Alfonso VII, siendo arzobispo don Raimundo, donde trabajan conjuntamente judíos, musulmanes y cristianos, sobresaliendo el arcediano de Segovia, Dominico Gundisalvo, y el judío converso Juan Hispalense. Se traducen obras de Avicena, Algazel, Avicebrón; libros de astronomía, astrología y medicina.

Los filósofos griegos son conocidos a través de sus comentaristas árabes, y las obras de Aristóteles, comentadas y compendiadas por Algazel, Avicena, Averroes..., llegan a Europa gracias al empeño de estos traductores, que dan a conocer el pensamiento griego. Atraídos por la fama de esta escuela vienen a Toledo muchos extranjeros: entre ellos, Gerardo de Cremona, Hernán el Alemán, Miguel Scoto, Roberto de Retines o de Chester, que en el año 1143 realiza, bajo la dirección del abad de Cluny, Pedro el Venerable, la primera versión latina del *Alcorán*.

Durante el siglo XIII tienen una importancia extraordinaria, porque, además del deseo natural de los hombres de ciencia por conocer y asimilar la cultura superior de los árabes, existe otro motivo que atrae a figuras tan señaladas como Pedro Pascual, Raimundo Martín y Raimundo Lulio, grandes polemistas, que además de satisfacer sus afanes culturales trabajan por la conversión de los musulmanes, aprenden su lengua e investigan los fundamentos de su religión, con la única finalidad de poder refutar sus errores.

Y es el dominico catalán Raimundo Martín, en el siglo XIII, el que compone su *Vocabulista árabe-latino*. Raimundo Lulio domina la lengua árabe y estudia detenidamente el *Alcorán*, reconociendo su valor literario. Funda una escuela en Miramar el año 1275, consigue del papa Honorio IV la creación de un centro de estudios orientales en Roma y solicita en el Concilio de Viena, el año 1311, la formación de nuevas escuelas en Europa. Su entusiasmo por estos estudios es grande y la influencia arábiga se manifiesta en sus obras, como el *Libro del gentil e los tres sabios,* compuesto en árabe para luego traducirlo al catalán.

Para dar a entender este relato sobre mi vida y mi época he creído necesario destacar algunos aspectos y hechos que son los cimientos de nuestra cultura, tras muchas horas de leer y de dedicación en los archivos y bibliotecas, mantener conversaciones y disputas con maestros eruditos en la Universidad de Salamanca, que, como dicta Alfonso X el Sabio, «es ayuntamiento de maestros y de escolares que es fecho en algún lugar con voluntad y entendimiento de aprender los saberes». Y eso hago para provecho de mi espíritu y dar más dulce acogida al Amado; que la sabiduría entra por el amor.

Finalizado el curso 1567-1568, acabo mis estudios en la Universidad de Salamanca y regreso al convento de Medina del Campo como pasante de las clases que en él se imparten. Es verano. La madre Teresa está aquí desde primeros de julio y nos reunimos con fray Antonio de Heredia para hablarnos de lo que va a ser el primer convento de Descalzos. A ella, que ha estado en Ávila, un caballero de allí, don Rafael Mejía, le ha ofrecido una pequeña casa de labriegos que tiene en Duruelo. El 30 de junio se acercó a verla, que tiene un portal razonable..., que considera que en el portal se puede hacer iglesia, y en el desván coro, que viene bien, y dormir en la cámara para convertirla en nuestro primer convento de Descalzos. En la visita a dicha casa ha sido acompañada por la madre Antonia del Espíritu Santo, a la que ha dicho: «Cierto, madre, que no haya espíritu, por bueno que sea, que lo pueda sufrir; vos no tratéis de esto.» Mas nosotros le aseguramos que estaremos a gusto aunque fuese «en una pocilga».

Todavía no tenemos la licencia de los dos provinciales del Carmen, el actual y el anterior, a quien el general Rubeo ha comisionado, por lo que la madre Teresa hace gestiones y se ocupa de conseguirla.

Mientras fray Antonio de Heredia prepara algo para la nueva casa, la Madre me instruye y anima con la decisión que he tomado, y no conoce lo dichoso que soy por haberme elegido el Señor para tales empresas.

Entre tanto, confieso a las monjas Descalzas y me preparan el hábito reformado y me lo pruebo. Me visto el sayal y jerga y me quito las sandalias, quedándome descalzo. Después me vuelvo a vestir con mi hábito de fino paño.

El día 9 de agosto emprendo viaje a Valladolid con la madre, seis monjas, una joven postulante, todavía sin hábito (llamada Francisca de Villalpando), y el capellán del convento de San José. En la carreta de las monjas llevan otros ajuares para la fundación y metros de sayal blanco y pardo para el hábito de la joven postulante. Salimos al atardecer y pasamos toda la noche en el viaje para recorrer las ocho leguas que hay desde Medina a Valladolid. Aprovecho para hablar a las monjas de Dios, de la práctica de la oración, y así que entro en el tema de la virtud con grandes muestras de caridad y consideración les doy motivo de razonamiento para que tengan como principal virtud la abnegación de la voluntad en obsequio de Dios.

Antes de llegar a Valladolid, nos detenemos en la finca del Río de Olmos. Es el amanecer de un día luminoso de verano. ¡Qué desilusión lleva la Madre! A pesar del hermoso paisaje que rodea el entorno: el Pisuerga, tan cercano como un dulce abrazo, grande y generoso; los viñedos, las choperas... Pero hay demasiada humedad y dista un cuarto de legua de Valladolid. La Madre comenta: «Es desatino estar aquí.» Pero no se lo dice a sus monjas para no desanimarlas.

Cuando entramos a Valladolid bastante cansados, por decisión de la Madre vamos al convento del Carmen a oír misa. Aprovechamos para visitar al provincial de Castilla, fray Alonso González, que en opinión de la Madre y de todos los que le conocemos es «viejo y harto buena cosa y sin malicia». Nos tiene que dar la licencia a la vez que fray Ángel de Salazar, el anterior provincial, para que el padre Antonio de Heredia y este insignificante fraile que se limita a narrar estos acontecimientos podamos comenzar la reforma entre los otros frailes de mi orden.

Aquí permanecemos el tiempo necesario mientras la madre prepara la nueva casa para sus monjas en el Río de Olmos y mantiene a la vez conversaciones con el provincial para conseguir la autorización de nuestra fundación en Duruelo ayudada por el obispo de Ávila, amigo, y doña María de Mendoza, hermana de éste. Durante la tramitación de estos requisitos se cierra la clausura por una tapia y paso el día en mis quehaceres religiosos entre las monjas, mientras observo la vida descalza.

Hago de confesor, director espiritual a la nueva comunidad, y también les corrijo cuando es menester. Cierto día la sacristana se olvida de poner los corporales para la misa, se me acerca con mucho sigilo y me dice: «Padre, hágame la caridad de llevar estos corporales al altar, que se me olvidaron, y no lo vea nuestra madre Teresa.» «Vaya, hermana —le respondo—, no huya la represión; lleve los corporales en la mano, descubiertos, y pase por delante de la madre fundadora. Y si le pregunta qué lleva, diga que los corporales.»

La Madre consigue la licencia de los provinciales para la fundación de Duruelo, y aprovechando que fray Antonio de Heredia marcha a Medina para renunciar al cargo de prior y resolver algunos asuntos pendientes, yo voy urgentemente a preparar la casa de don Rafael Mejía a Duruelo.

También en esta casa de Descalzas en Medina nos ha hecho la madre Teresa los hábitos para los primeros descalzos y de ella nos ha dado las alhajas que puede, así para la iglesia como para la casa, y los dineros de los alimentos de la primera monja que entró en ella.

Fray Antonio de Heredia, que ha llegado a Valladolid para ver a la Madre, trae entre otras cosas cinco relojes de arena para la nueva comunidad de Duruelo. La Madre me da unas estampas de papel y un Cristo que ha traído una novicia.

Agradezco mucho el gran espíritu de pobreza de que Dios me ha dotado. «Madre —le digo—, ya tengo con que adornar el coro y las ermitas que se han de hacer.»

«Parecióles sería bien llevar hecho mi pobre hábito de sayal áspero, pues lo había de haber menester, y acaso allá no hallaría de qué lo hacer. Entendido esto la Madre, acordándose que en su carro, cuando venían de Medina, traían sayal blanco y pardo para hacer hábito a una doncella que traían consigo para darle el hábito en Valladolid, que se llamó después Francisca de Jesús llamando la Madre a la priora dijo: "Si esta doncella no tomara pena, hiciéramos de su sayal hábito para el padre fray Juan, que para ella acomodaremos después otro sayal."»

La priora dijo se hiciere, que no lo sentiría. Mandó, con todo, la Madre llamar a la doncella, y diciéndole su pensamiento, la preguntó si recibiría pena de ello. Ella respondió que antes se holgaría mucho se hiciese así, y que sabía ella que un hermano suyo, avisándole ella, gustaría de enviarle sayal para dos hábitos. Y así me acomodó el hábito, con no poco consuelo de las que me lo cosieron y de nuestra madre Teresa, que también las ayudó.

Mi espíritu siente una inmensa alegría porque voy apartándome del mundo para vivir aislado en la mortificación de los apetitos mientras me inicio en los misterios de la vida mística.

Este mismo año el infante don Carlos es detenido por orden de su propio padre y encarcelado posiblemente a causa de una conjura. El 24 de julio muere en la prisión. Ni la propia sangre detiene el castigo y la justicia de Felipe II, que dispone todos los recursos a su alcance para defender a la Iglesia contra la herejía.

Es curioso observar el paralelismo de la doctrina luterana, tan perseguida por Carlos I con el pensamiento de Erasmo de Rotterdam, y que tiene tan buena acogida entre los eruditos españoles.

Es normal la contemplación en la historia de España de la figura del monje guerrero que defiende a su Dios aun a costa de la sangre y de la guerra. Y es en esta época cuando se manifiesta la literatura mística con cierto retraso, ya que en la Edad Media en otros países da sus mejores frutos.

8

Antes de llegar a Duruelo visito a don Francisco de Salcedo en Ávila, entregándole esta carta de la madre Teresa:

«Jesús sea con vuestra merced. Gloria a Dios, que después de siete u ocho cartas, que no he podido excusar, de negocios, me queda un poco para descansar de ellas en escribir estos renglones para que vuestra merced entienda que con los suyos recibo mucho consuelo. Y no piense es tiempo perdido escribirme, que lo he menester a ratos, a condición que no me diga tanto de que es viejo, que me da en todo mi seso pena... Hable vuestra merced a este Padre, suplícoselo, y favorézcale en este negocio, que aunque el padre es chico, entiendo es grande en los

Capilla levantada en el solar que ocupara la primera fundación de los Descalzos. Duruelo. *(Foto T. Pintos)*

ojos de Dios. Cierto; él nos ha de hacer acá harta falta, porque es cuerdo y propio para nuestro modo, y así creo le ha llamado Nuestro Señor para esto. No hay fraile que no diga bien de él, porque ha sido su vida de gran penitencia, aunque hace poco tiempo. Mas parece le tiene el Señor de su mano, que aunque hemos tenido aquí algunas ocasiones en negocios, y yo, que soy la misma ocasión, que me he enojado con él a ratos, jamás le hemos visto con imperfección. Ánimo lleva; mas, como es solo, ha menester lo que Nuestro Señor le da para que lo tome tan a pechos. Él dirá a vuestra merced cómo acá nos va...»

«Torno a pedir en limosna a vuestra merced que me hable a este Padre, y aconseje lo que le pareciere para su modo de vivir. Mucho me ha animado el espíritu que el Señor le ha dado y la virtud, entre hartas ocasiones, para pensar llevamos buen principio. Tiene harta oración y buen entendimiento; llévelo el Señor adelante.»

Tras escuchar algunas frases de aliento entre el asombro y la duda al verme tan joven, al poco llego a Duruelo con otro hombre de oficio albañil que viene a tomar hábito de lego. El campo está lleno de amarillos, de rastrojos, hierbezuelas secas, y el otoño parece enmarcado entre los ocres vivos de los altozanos. Hacemos más de nueve leguas de camino hasta llegar a nuestra pequeña casa, en lugar tan pobre, tan solo y escondido que muy pocos saben guiarnos a él.

Duruelo es un grupo de inapreciables casas de labor con su iglesia sobre un valle rodeado de encinares y con su riachuelo. Me he puesto mi hábito de descalzo y al amanecer inicio con el lego la reforma de la casa para convento. Trabajamos sin descanso, y es tanto el afán de terminar las obras que nos olvidamos hasta de comer. Cuando anochece envío al lego a que pida por estos lugares algo que comer, y los labriegos reparten su pan, con el que pasamos con más contento que con faisanes.

Las estampas de papel que me dio la madre Teresa las pongo sobre las paredes del nuevo convento y el crucifijo sobre la pila de agua bendita. El resto lo he llenado de cruces y de calaveras. Delante del convento, frente a la iglesia, he puesto una cruz hecha de madera de mayor tamaño, con su correspondiente calavera. Cuando pasan algunos labriegos comentan: «¿Para qué serán tantas cruces y calaveras?»

Una vez acondicionada la casa para convento siguiendo las normas de la madre Teresa, aviso al provincial fray Alonso González, a la Madre y al padre Antonio de Heredia. Entre tanto, me entrego de lleno a una vida de oración, apartada y de recogimiento, preparándome en la diciplina práctica de la ascética sirviendo a Dios a fin de llegar a la mística.

Mi hermano Francisco ha venido desde Medina y me acompaña a los lugares a los que suelo predicar. Salimos muy temprano hasta el pueblo vecino y confieso hasta la hora de misa. Después predico y, finalizadas mis devociones y trabajos religiosos, salgo de vuelta hacia Duruelo. En el camino de Mancera de Arriba hay una fuente. Me siento con mi hermano junto a ella y comemos un poco de pan. Las gentes de esta época luchan contra la insuficiencia de alimento y en consecuencia contra las muchas enfermedades que les acosan. Hay otros muchos a los que les falta el pan, tan necesario.

Un labriego se nos acerca y nos dice que viene de parte del cura para rogarnos que nos vayamos a comer con él. Yo se lo agradezco, pero no acepto la caridad que nos hacen porque en las cosas que hago por Dios no quiero paga ni agradecimiento de otros. Quiero conseguir con esfuerzo la gracia, que es una luz y una ayuda de Dios al hombre; su concepto implica un doble auxilio iluminativo y operativo, necesaria para la salvación del alma, sino para todo acto bueno y para lograr toda morada mística, gratuitamente. Sé que algunos piensan de mi forma de vivir que no es normal; que no aprovecho mis conocimientos que adquirí en la Universidad de Salamanca apartado en este erial casi deshabitado. Pero sí es normal la contemplación en la historia de España de la figura del monje guerrero que defiende a su Dios aun a costa de la sangre y de la guerra.

¿Tiene que ver la reforma religiosa de Cisneros seguido por el movimiento contrarreformista? Se fomenta el ideal contemplativo y se traducen los místicos extranjeros. Es posible que debido a este movimiento o el sufismo árabe, innumerables estudiantes españoles marchan a los países flamencos, italianos y alemanes, pero la mejor escuela es la práctica sin reservas de la caridad, cimiento de la mística.

El espíritu español hasta hoy basado en la moral y en la ascética siente la revolución de su conciencia religiosa. La convicción de que el amor (y una cierta iluminación interior) es el verdadero camino hacia Dios en el fondo de sí mismos. Cuando puedo escribo y no por moda ni por estar a la altura de los movimientos literarios. Mi hacer poético lo inspiro en el fervor y gracia que los ojos de la misericordia divina me hacen de levantarme a su amor en generosa correspondencia. Ni yo mismo sé por qué escribo versos, pero es el único lenguaje que humildemente entiendo para comunicarme con el Amado. Qué sería de mí sin esta fuerza que me empuja hacia Dios en efusión amorosa que mezcla lo humano con lo divino.

Han transcurrido dos meses, y por fin, el día 27 de noviembre, fray Alonso González, el padre provincial, el padre Lucas de Celis, conventual de Medina, que viene a quedarse en prueba como descalzo; el hermano fray José, diácono, y el padre Antonio de Heredia, han llegado a este pequeño convento para el acto de inauguración, tan sencillo como deseado. Es confortador ver al padre Alonso González llorar de emoción ante este conventillo lleno de cruces y calaveras como único ornamento. Parece que el padre Antonio tenía alusión de pasar por iniciador primero de la Reforma entre los frailes, pero el que yo me encargara de hacerlo ha sido más por obediencia y necesidad que por iniciativa propia.

Los tres descalzos cambiamos nuestros apellidos, formando un Jesu-Cristo Crucificado, símbolo de la vida austerísima que comenzamos. La austeridad de la incipiente Reforma consiste en la observancia íntegra de la Regla: abstinencia perpetua de carnes, ayunar la mayor parte del año (una sola comida al día, no se desayuna y la cena es mínima), no salir del convento sin causa justa, permanecer en la propia celda y guardar continuo silencio para darse de lleno a la oración y estudio, vivir en absoluta pobreza, emplear largas horas de oración comunitarias; a lo cual añadimos el usar ropas ásperas de jerga, andar descalzos y otras prácticas penitenciales. Es el mismo rigor que la Madre ha impuesto a sus monjas; porque ella quiere que para atender bien a sus religiosas haya frailes carmelitas que lleven el mismo género de vida. Y no hacemos otra cosa que vivir, como lo hace el pueblo, en la indigencia total que se observa en sus casas, en la penuria más singular. No tienen mobiliario, se acostumbra a comer sin mesa y a beber del mismo vaso, dormir sobre jergones de paja y la mayoría van descalzos.

El día 28 de noviembre dice la misa el padre provincial, fray Antonio de Heredia, el diácono fray José y el que esto relata. Nos acercamos al altar y hacemos ante el padre provincial de Castilla renuncia de la Regla de San Alberto y prometemos vivir en adelante según la misma Regla primitiva, corregida por Inocencio IV, sin dulcificarla. Redactamos el acta de fundación, que a continuación transcribo:

> «El año del Señor de mil quinientos sesenta y ocho, en veintiocho días del mes de noviembre, se fundó en el lugar de Duruelo este monasterio de Nuestra Señora del Monte Carmelo.

En el cual dicho monasterio se comenzó a vivir y guardar la primera Regla con su rigor, según nos la dejaron nuestros primeros padres, con el fervor y gracia del Espíritu Santo, siendo provincial de esta provincia el muy reverendo padre fray Alonso González. Comenzaron a vivir en rigor de Regla, con la divina gracia, los hermanos fray Antonio de Jesús y fray Juan de la Cruz y fray Joseph de Cristo. Dionos la casa y sitio el ilustre señor don Rafael Mejía Velázquez, señor del dicho pueblo. Dio el consentimiento para fundar la sobredicha casa y monasterio el ilustrísimo señor don Álvaro de Mendoza, obispo de Ávila.»

Por vez primera firmo con el nombre que me gusta llevar como religioso: fray Juan de la Cruz.

Formamos la nueva comunidad los tres religiosos que hemos hecho la renuncia a la Regla: el padre Lucas de Celis, que se ha venido con nosotros a estar, aunque no ha mudado de hábito de paño porque está muy enfermo, y otro fraile mancebo, que no está ordenado.

El padre provincial deja por vicario del convento al padre Antonio de Jesús. Y los cinco religiosos nos adaptamos al pequeño y humilde convento en que para entrar a la iglesia debemos bajar la cabeza y no tropezar, hasta yo que soy de mediana estatura.

Mi madre, hermano y cuñada han venido a prestar ayuda a las faenas cotidianas del convento, sobre todo para organizar el buen desarrollo de la vida en comunidad. Se encargan de la limpieza, preparan la comida, lavan la ropa, y su corta estancia ha hecho posible que esta comunidad se instaure debidamente y tome brío e impulso que obtenemos de la oración. Tampoco nos inquieta lo poco de que disponemos cuando observamos a nuestros labradores que viven en tan precarias condiciones. Así que mueren pronto y casi ninguno llega a la vejez; que hasta para ello hay que ser rico o noble y estar bien alimentado.

Han pasado tres meses. Una mañana de marzo de 1569 la madre Teresa, con dos mercaderes, amigos suyos, que le acompañan, nos conforta con su visita. El padre fray Antonio de Jesús barre la puerta de la iglesia. La Madre le dice:

«¿Qué es esto, mi padre? ¿Qué se ha hecho la honra?» Y sonriendo, el padre, lleno de contento, le responde: «Yo maldigo el tiempo que la tuve.» La Madre y sus acompañantes entran en la iglesia, y los mercaderes no hacen otra cosa sino llorar al ver tantas cruces y tantas calaveras... A la madre Teresa le emociona una cruz pequeña de palo que hay sobre el agua bendita, que tiene en ella pegada una imagen de papel con un Cristo, que parece pone más devoción que si fuera de cosa muy bien labrada. El coro es el desván, que por mitad está alto, que podemos decir las horas; mas habémonos de bajar mucho para entrar y oír misa. Tenemos a los dos rincones, hacia la iglesia, dos ermitillas donde no podemos estar sino echados o sentados, llenas de heno (porque el lugar es muy frío y el tejado casi nos da sobre las cabezas), con dos ventanillas hacia el altar y dos piedras por cabeceras con nuestras cruces y calaveras. Andamos descalzos de pie y pierna en tiempo de mucha nieve y nos levantamos a media noche a maitines y estamos hasta la mañana en oración. La habitación es tan estrecha, que en dos ermiticas (del coro) que tenemos no podemos estar sino de rodillas o sentados. Muchas mañanas nos hallamos cubiertos de nieve.

Durante su visita, la madre Teresa da la normativa para la mejor vida descalza que han iniciado los frailes. Nos ruega templemos nuestras mortificaciones y nuestro fervor penitente; que el demonio puede aprovecharse de nuestros sacrificios, y enfermos perderíase la obra realizada. Al marcharse, la Madre se despide de nosotros diciendo: «Que bien entendía era ésta muy mayor merced que la que me hacía en fundar casas de monjas.»

Es en este período cuando se rebelan en Granada los moriscos, descendientes cristianizados de los moros.

9

A la madre Teresa le holgó se hiciese aquí la casa; que le habían dicho que ni había cerca monasterio y que las gentes de estos lugares sin ninguna doctrina ni de dónde tenerla. Y nosotros vamos a predicar legua y media, dos leguas o a la distancia que sea necesaria, y que después que hemos predicado y confesado, nos tornamos bien tarde a comer a nuestra casa con mucho contento.

Este invierno se ha presentado frío y con abundante nieve. El padre Antonio sale a predicar y yo pienso que no debe marchar a pie. Busco un jumentillo que le lleve, y en las alforjas pongo heno a fin de que meta los pies. Le ayudo a montar a la puerta del convento, le cubro los pies con el heno y le sujeto el sayal con un grueso alfiler; pero me descuido y meto el alfiler por el hábito y por la pierna del padre Antonio, que se queja. Yo le digo: «Calle, padre, que así irá más prendido.»

Es costumbre que el padre vicario nos pregunte al término de la cena en el refectorio: «Diga, padre fray Juan de la Cruz, las culpas advertidas hoy.» Yo le respondo: «Vuestra reverencia se quejó esta mañana cuando le hincaba el alfiler.»

Otro día me presento en el refectorio después de la cena dándome fuerte disciplina en la espalda, acusándome de mi falta y pidiendo perdón del mal ejemplo. Como hubiera llegado de fuera cansado, me pareció necesario tomar la colación antes de la comunidad para retirarme a descansar, pero reflexiono después y me doy cuenta de que he podido haber desedificado con mi imperfección y doy cuenta de ello.

Por motivos de resolver unos asuntos marcho a Medina, y allí coincido con la madre Teresa en las Descalzas. Ella me pide que les dijese una plática, y a continuación nos ponemos los dos a tratar de Dios, viéndonos las demás religiosas, tócase acaso una palabra de alabanza de la Madre; ella, en oyéndola, se postra, poniendo la boca y rostro en el suelo; las monjas, al postrarse la Madre, se ponen de rodillas y me piden que la mande levantar; yo, con muy suaves palabras, les digo: «Déjenla estar con la tierra y polvo, que ahí es su gusto estar.» Pídole se levante; ella se levanta con un rostro bañado de alegría. Es esto de sumo gusto y contento... Sé la mucha estima que me profesa y le hace decir de mi persona elogios que no merezco.

Un día me dice que con el amor que me tiene le parece no le trato con el respeto debido, y que yo, fingiéndome grave, le respondo: «Enmiéndese en eso, hija.» Y esto mismo lo cuenta la Madre a sus hijas, y añade que siente que un tal varón no la tuviese por hija y la llamase así, como llamo a otras monjas.

Poco a poco vemos el provecho que hacemos en el lugar y alrededor de él de los lugares comarcanos en confesiones y devoción, que la gente toma en ver la vida que hacemos en Duruelo. Nunca faltan compensaciones ni labradores agradecidos que nos responden con sus frutos, pan y legumbres. Nunca nos falta lo necesario. Más bien tenemos de sobra.

Cada fraile debe elegir para servir a Dios un ejercicio propio en el que pone fin a sus aspiraciones. Yo, cuando mis obligaciones lo permiten, escribo versos.

Todos necesitamos de maestros a quienes imitar y de quienes aprender. Hasta San Juan Crisóstomo pasó los cuatro años de su vida eremítica bajo el consejo de un anciano, y hacía de fámulo de su maestro como ejercicio de obediencia y humildad. Aquí en Duruelo somos tan pocos frailes y tan ocupados, que echamos de menos los métodos del maestro que nos guíe en las prácticas ascéticas; aunque sí ejercitamos el silencio, el aislamiento, el hambre y la vigilia nocturna, que nos ayudan a los que aspiramos a la perfección como única meta.

La visita del provincial de Castilla fray Alonso González estimula y alegra nuestro ánimo, ya que, por los informes favorables que le han dado sobre la marcha de nuestra fundación, nos autoriza para recibir novicios, elevando nuestra casa a priorato, y aumenten los descalzos continuando la obra de Reforma. Nombra prior al padre Antonio y a mí subprior. A los pocos meses llegan dos postulantes, convirtiéndome en maestro espiritual de la Reforma, y una vez más debo poner en práctica una serie de fórmulas concisas sobre el modo de conducirse los monjes en la celda, en la mesa, en el comportamiento con sus hermanos, aparte de útiles consejos para la vida espiritual.

El maestro debe poseer un dominio teórico de las materias teológicas y una gran experiencia, además de la vida espiritual que le haga apto para la dirección y singularmente en lo que toca a las normas que la psicología mística da para el descubrimiento del espíritu. ¿Podré realizar sin dificultad el cometido de maestro? Además de la ciencia, del conocimiento, hay que poseer cualidades morales, un carácter rígido y severo en el corregir, evitando toda familiaridad con el novicio, sancionando sus faltas y descuidos imponiéndole penitencias espirituales y hasta dejándole apartado y aun definitivamente si es necesario para su buena formación. ¿Poseo yo todas estas cualidades a fin de ser un maestro ejemplar?

Para soportar la vida religiosa, las dotes indispensables son la sinceridad, paciencia, humildad y obediencia. Estoy seguro que si yo les doy ejemplo será más fácil mi cometido. Hace tiempo me sometí a la voluntad ajena y ha sido el recuso más eficaz para matar la propia voluntad, que se rebela tantas veces.

A mi cargo están fray Juan Bautista, corista, natural de Ávila, y fray Pedro de los Ángeles, hermano lego, natural de Lanzahíta (Ávila). Todavía recuerdo cuando este último se presentó a pedir el hábito hallándose ausente el padre Antonio y yo le recibí remitiéndole al padre provincial de los Calzados (que se encontraba en la Moraleja) a pedir licencia para entrar. Iba con cartas y recomendaciones, pero el padre provincial le negó la petición. Volvió desconsolado a Duruelo. Le dije que fuese otra vez, pero sin cartas ni recomendaciones, confiando en Nuestro Señor. Así lo hizo y alcanzó la licencia. Es un buen fraile, sumiso, que procura ante todo ejercitarse en la virtud.

El padre Antonio, hombre docto y buen predicador (con un rostro de alegría que tiene él siempre), es invitado por don Luis de Toledo, señor de la villa de Mancera de Abajo, a una legua de Duruelo, a predicar en la cuaresma de 1570. Ha transcurrido año y medio de la fundación.

Don Luis de Toledo, primo del duque de Alba, ha ordenado construir junto a su palacio una iglesia para un valioso retablo de Flandes y nos ofrece a los Descalzos la iglesia para que traslademos allí la fundación. El padre Antonio consulta al provincial, y en nombre de éste no duda en aceptar dicho ofrecimiento, ya que la casa de Duruelo se nos queda insuficiente para albergar a los religiosos. Se inician las obras y a los pocos meses, el día 11 de junio, se hace el traslado de la fundación.

España profesa singular libertad en la formación del espíritu: cada hombre busca libremente al maestro que más le complace dentro de una orden o cenobio y bajo su dirección se forma. El monacato cristiano empieza a tener estas normas desde el siglo IV. Es el abad Palamón quien dio la doctrina espiritual a su discípulo San Pacomio antes del año 320, y tras ella surgieron otras como la de Poemen, Isaías, San Antonio y San Basilio. Doctrinas concretas que han llegado hasta nosotros para la buena conducta de los monjes.

Cuando me quedo solo hago mentalmente poesías que dedico a Dios Nuestro Señor, y aunque el mayor reproche que se le hace a la poesía es el de sustentarse en lo ficticio de la imaginación, en el engaño, confieso que mis versos parecerán falsos pero mi corazón es recto y no cabe en él malicia alguna. Nunca utilizo la poesía para otros fines que no sea para dar cuenta a Dios de mi alma sensible, que tantos roces y tropiezos soporta. Con la única que hablo de esta afición mía es con la madre Teresa, que también se afana en escribir versos.

A la bendición del nuevo convento en Mancera de Abajo ha venido el padre provincial. Él mismo ha encargado a mi condiscípulo fray Alonso de Villalba, conventual en los Calzados de Salamanca, el sermón inaugural. También asisten el padre Martín García, prior del Colegio de Salamanca; el prior del convento de San Pablo de los Perdones, fray Antonio de San Juan, con fray Jerónimo Altomiros y fray Martín de la Cruz, padres de su comunidad; clérigos, nobles y todas las familias de labradores que nos conocen. El padre fray Alonso González ha ordenado se le dé a este acto la mayor solemnidad. Desde el conventillo de Duruelo hasta el nuevo de Mancera, también pequeño, se forma una devota procesión, en la que voy con mis novicios dándole gracias al Señor por habernos concedido tantos bienes. Frente al palacio de don Luis de Toledo está el pequeño convento que va a ser nuestra nueva casa. Ha salido a esperarnos también en procesión el cura de la villa y los habitantes de Mancera. Noto las miradas curiosas y a la vez llenas de respeto para nosotros, los Descalzos, que sin proponerlo llamamos la atención por nuestros sayales cortos, llenos de remiendos, sin más ostentación que nuestra pobreza. Nos conducen a la iglesia, donde canta la misa el padre provincial fray Alonso González y predica el padre Antonio de Jesús, no mi condiscípulo de Salamanca fray Alonso de Villalba.

Algunos días vuelvo a Duruelo para atender a los labradores en sus necesidades piadosas, y me da pena ver nuestra primera casa tan abandonada en la soledad del campo castellano. Sólo la cruz frente a la puerta de la iglesia sigue levantada y algunos labradores rezan al pasar junto a ella y piden consuelo como antes aprendieron.

10

La madre Teresa ha inaugurado otro convento de Descalzos en Pastrana antes de que nos trasladáramos a Mancera. En esta ocasión es Ambrosio Mariano Azaro, erudito napolitano, ingeniero de Felipe II, soldado en la batalla de San Quintín, eficaz y decidido, ermitaño en Sierra Morena, quien es atraído por las ideas de Reforma de la madre Teresa, y éste pone a disposición de los Descalzos una ermita que le ha cedido el príncipe Ruy Gómez, situada al mediodía de la villa de Pastrana.

Se obtiene la licencia del provincial del Carmen y, ante la urgencia del emprendedor Azaro, la Madre prepara los hábitos para él y para su compañero ermitaño Juan Narduch, también napolitano, que se entrega con entusiasmo a la obra de Reforma.

La Madre envía a llamar al padre fray Antonio de Jesús, que es el primero que está en Mancera, para que comenzase a fundar el monasterio como prior, y la Madre les aderza hábitos y capas, y hace todo lo que puede para que ellos tomasen luego el hábito.

Más tarde, tras haber vivido en cuevas cavadas en la roca calcárea sobre la que se alza la ermita, se edifica buen monasterio. El día 9 de julio de 1569, en la capilla de los príncipes de Éboli, se imponen los hábitos a los dos ermitaños, que toman el nombre de fray Ambrosio Mariano de San Benito, Azaro, y el de fray Juan de la Miseria,

Pintura que representa la fundación del convento de Descalzos en el oratorio de los príncipes de Éboli, en Pastrana. *(Foto Archivo Espasa-Calpe)*

Juan Narduch. La inauguración del primitivo convento se hace con gran solemnidad, trasladándose procesionalmente desde el palacio de los príncipes a la ermita. Asisten los duques, la madre Teresa, el padre Antonio de Jesús (que después volverá a Mancera), fray Baltasar de Jesús, calzado, que ha venido a traer a las monjas y que da el hábito a los dos ermitaños antes de que llegara el padre Antonio, quedándose más tarde en la Reforma. Es el día 13 de julio de 1569 cuando se inicia la vida conventual en la ermita de San Pedro.

Han pasado cuatro meses desde que abrimos el nuevo convento de Mancera. Fray Juan Bautista y fray Pedro de los Ángeles hacen su profesión el día 8 de octubre de 1570, según consta en el libro del convento. El padre prior, fray Antonio, ha marchado a Madrid a prestar obediencia al padre Pedro Fernández, prior de los Dominicos de Atocha, que es el visitador apostólico desde 1569, nombrado por Pío V, comisario apostólico de los Carmelitas de Castilla; y yo hago mientras de superior, por lo que los dos novicios pronuncian ante mí la fórmula con la que prometen los votos de obediencia, castidad y pobreza a Dios Nuestro Señor y a la Virgen María...

Mientras el convento de Pastrana se convierte en el primer noviciado de la Reforma y a él acuden estudiantes movidos por la Regla basada en la penitencia y en la contemplación de los Descalzos, oriundos de la Universidad de Alcalá, lo mismo que otros jóvenes, la madre Teresa cree necesaria y urgente mi presencia allí como maestro formador de los nuevos Descalzos, y se lo comunica al padre Antonio, que ordena mi traslado a Pastrana a su regreso de Madrid, a mediados del mes de octubre de 1570.

Me pongo en camino, acompañándome fray Pedro de los Ángeles. Hacemos el viaje —más de 30 leguas— a pie y descalzos. No llevamos provisiones, obligándonos a pedir en los pueblos de paso, y repartimos la comida con los pobres que nos encontramos. Al final de la jornada dormimos en casas humildes, en pajares o en algún corral limpio.

Llegamos a Pastrana y lo primero que divisamos es el gran palacio residencia habitual de los príncipes de Éboli. Más abajo, a media legua de la villa, sobre un cerro, se levanta la ermita de San Pedro y su palomar. Este lugar parece destinado para la oración y el recogimiento.

En el Palomar de la Virgen hay cuatro profesos: fray Ambrosio Mariano de San Benito, fray Juan de la Miseria, fray Gabriel de la Asunción, natural de Pastrana, y fray Bartolomé de San Alberto, ve-

Puerta de Santa Teresa del convento carmelitano de Pastrana. *(Foto Reyes)*

Ana Mendoza de la Cerda, princesa de Éboli. Litografía de *Iconografía Española. (Foto Archivo Espasa-Calpe)*

nido de la observancia; y diez novicios: Bernardo de Santa María, Pedro de los Apóstoles, que ha sido calzado, Agustín de los Reyes, estudiante aventajado en la Universidad de Alcalá, Cirilo de San Miguel, Alberto de San Francisco, Ángel de San Gabriel, estudiante de la Universidad de Alcalá, Ambrosio de San Pedro, Pedro de San Jerónimo, Pedro de la Cruz y Eliseo de San Ildefonso.

Son jóvenes cultos, algunos de familias ilustres, como fray Gabriel Bautista, hijo de un médico del emperador Carlos V, que llega al noviciado antes de mi marcha de Pastrana. Lo primero que hago es hablar con todos ellos y escucharles. Después intento organizar el noviciado al estilo del de Duruelo y Mancera.

Doy normas para seguir la regla monacal, entendida como método ascético de las almas consagradas a la vida devota, y les hago interesarse por las cuatro prácticas de mortificación: el silencio, el aislamiento, que templan la ira; el hambre y la vigilia, que facilitan la purgación de las pasiones de la gula y lujuria. Alabo la virtud de la pureza y castidad, una de las más características de la ascética cristiana, instruyéndoles en la modestia de la vista, guardián de los sentidos para evitar las tentaciones de lujuria. A fray Gabriel de la Asunción doy medidas especiales para que se encargue como maestro de novicios hasta que se nombre el que lo haya de ejercer.

Es poco el tiempo que permanezco en Pastrana, pero sí el suficiente para organizar el noviciado y decir los medios para alcanzar la perfección.

El religioso debe comer sólo lo necesario, absteniéndose de alimentos suculentos, refrenando el deleite sensual prefiriendo los vegetales a las carnes. La abstinencia es el primer grado de virtud ascético que llega tras la penitencia. Luego insisto sobre la desnudez, cuyo valor técnico coincide con la virtud que llamo desnudez de espíritu, quiero decir una ruptura de los lazos todos mundanos de las cosas de aquí abajo. Y sobre todo, la mortificación positiva de los gustos y deseos particulares, sacrificados por Dios, con paciencia y mansedumbre, hasta conseguir que el alma haga lo contrario de lo que el amor propio le dicte. Consecuencia de esta virtud es la caridad generosa que antepone al prójimo a uno mismo con la sincera y ciega confianza en la gracia de Dios, sin dejar paso al desánimo por la desolación espiritual, sino que perseveramos constantes en el combatir ascético y en la oración, aspirando siempre a las moradas más altas, sin contentarnos con los grados más ínfimos de la perfección.

A todos les preocupa la forma de conseguir el abandono en los brazos de la providencia. Yo les dicto que a través de la abnegación que es la virtud cristiana de la santa conformidad del alma, que, indiferente, todo lo resigna y deja actuar a la voluntad de Dios, sin preferencias del bien o del mal de las criaturas.

Al preguntarme por la virtud de la humildad, yo les digo que es la meta, la cumbre más sublime de la escalera de la perfección, que consiste en el sincero reconocimiento interior del alma, que se tiene por esclava, por cosa vil y despreciable a los ojos de Dios.

Yo creo que la esencia de la perfección está en la renuncia a las cosas de este mundo por amor a Dios, y no podemos olvidar la caridad fraterna como elemento indispensable de la perfección cristiana y fuente viva de las obras de misericordia. A los que ven un peligro en la vida activa y apostólica para concentrarse en la vida contemplativa, les repito que no es incompatible.

Tampoco basta practicar la limosna con generosidad, sino que además hay que servir personalmente al pobre, ayudando a llevar la carga de quien lo necesita, cuidando al enfermo, guiando al extraviado..., prefiriendo siempre al pobre. También se debe amonestar al pecador sin la menor muestra de orgullo o superioridad, porque ¿quiénes somos nosotros para ocupar los ojos de Dios? Y así otros muchos consejos que yo los aprendí de otros maestros y de libros santos.

A mediados del mes de noviembre de este año regreso con fray Pedro de los Ángeles al convento de Mancera.

Entre tanto, la madre Teresa, que se encuentra en Salamanca, prepara la fundación de Alba de Tormes. Ha encontrado dos protectores: Francisco de Velázquez, contador del duque, y su esposa Teresa Layz, que aseguran casa y rentas para la fundación de Descalzas. Aunque las capitulaciones se firmen privadamente el 3 de diciembre de 1570, las escrituras públicas no se hacen hasta el 24 de enero de 1571. Al día siguiente se inaugura el convento.

Yo me encuentro en Alba ayudando en el acondicionamiento de la casa de Francisco de Velázquez para convertirla en monasterio, a la vez que atiendo espiritualmente a las religiosas. A tres de ellas. (Juana de Jesús, María de San Francisco y Ana de Jesús, ésta novicia todavía, joven, bastante agraciada e inteligente), en su viaje a Salamanca desde Ávila pasaron por Mancera y tuve la ocasión de conocerlas. Tanto el padre Antonio de Jesús como yo les referimos los muchos y sabios consejos que nos dio la madre Teresa y Antonia del Espíritu Santo, que la acompañaba en su visita a Duruelo, para seguir con detalle la vida reformada.

Es cierto que Felipe II en 1560 extremó las leyes contra los moriscos de Granada, ya que se había forzado su conversión; pero el inconformismo social y religioso de esta época hace que los árabes de Granada se hagan sospechosos de conspiración con ayuda de los musulmanes del norte de África, y Felipe II llama a don Juan de Austria, que se encuentra al sur de Italia, y éste les somete en el mes de marzo de 1571 y son cruelmente exterminados. Los moriscos durante la rebelión han muerto a cientos de cristianos. Los moriscos son deportados y su lugar es ocupado por 12.000 campesinos cristianos del norte de la Península.

Enterados los príncipes cristianos del Mediterráneo oriental, piden ayuda para detener a los turcos, que atacan Chipre, y Felipe II, que se ha erigido como defensor de la fe, envía una flota de 200 galeras en auxilio de Venecia y del Papado. Juan de Austria dirige la flota, pero llega tarde a Chipre y se ve obligado a perseguir al enemigo en la bahía de Lepanto, en la que destruye al infiel en una singular batalla. Pero esta victoria sólo consigue resonancias en Europa, ya que los resultados no son lo que se esperaba.

Llega la primavera, y en el mes de abril de 1571 el padre Antonio de Jesús, que acaba de llegar a Mancera procedente de Madrid y que está en Pastrana habitualmente, trae una patente del comisario apostólico, fray Pedro Fernández, para mí en la que me nombran rector del Colegio de Alcalá, ordenándome ir en seguida y hacerme cargo.

Este Colegio de Descalzos está fundado desde el 1 de noviembre de 1570, interviniendo en la fundación, aparte de la madre Teresa, con quien se habló del asunto antes de que partiese de Pastrana, el príncipe Ruy Gómez, que pidió y obtuvo la licencia del general fray Juan Bautista Rubeo y que además ayudó económicamente; el padre fray Baltasar de Jesús, y el padre Francisco de la Concepción, rector éste, no hacía mucho tiempo, del colegio que los Calzados tienen en Alcalá.

Así que parto hacia el Colegio de Alcalá inmediatamente, acompañado por fray Pedro de los Ángeles, volviéndose luego a Mancera.

Alcalá está amurallada como todas las ciudades por cuestión de seguridad. La muralla encierra, junto al casco urbano, una zona de campos y huertos. Otras veces construyen un foso, más un muro vertical.

En el Colegio de Alcalá hace de superior provisional el padre Baltasar de Jesús, prior de Pastrana, que lo ha fundado. Me encuentro

Alcalá de Henares. Dibujo a la aguada por Anton van den Wyngaerde, 1565. Biblioteca Nacional, Viena. *(Foto Oronoz)*

con algunos profesos de Pastrana, como fray Agustín de los Reyes, que además siguen cursos en la universidad.

Mucho debo agradecer a Dios Nuestro Señor la nueva oportunidad que me otorga a fin de satisfacer con los conocimientos que voy adquiriendo las ansias de mi espíritu.

El colegio se encuentra muy cerca de la universidad, más bien a la espalda, a unos pasos de la puerta de Aguadores.

La Universidad de Alcalá bulle de estudiantes, lo mismo que la de Salamanca, y en ella imparten las obras de Villalpando, recuperando la filosofía de Aristóteles. En el ambiente hay una clara y desafiante oposición a los sufistas. En las aulas siguen el método didáctico de leer primeramente el texto original de Aristóteles, se le examina y se le traduce al latín, como es norma, se le comenta y al final se le defiende o se refuta su doctrina. En teología hay cátedras de Santo Tomás, de Okam y de Escoto, igual que en la Universidad de Salamanca.

Los frailes estudiantes del colegio pasan la mayor parte del día en las tareas docentes y llaman la atención a su paso a la universidad. Es un maravilloso espectáculo verlos entrar en escuelas, con la modestia y el sello de que viven la presencia de Dios. Las clases se inician a las siete de la mañana y acaban a las seis de la tarde. Hay quien no entiende nuestra forma tan humilde de vivir y recelan o piensan que hacemos alarde de ello para llamar la atención. Y soy yo precisamente el primero que debo dar mayor ejemplo, y lo hago haciendo lo mismo en modestia, mortificación y penitencia.

Muchos estudiantes se dejan prender en la vida carmelita dentro de la Reforma. Uno de los estudiantes a quien le llama la atención nuestro aspecto y traje, nuestro recogimiento y nunca suficiente modestia, me comunica los deseos que tiene de ser religioso del Carmen. Le envío a Pastrana, donde toma el hábito con el nombre de fray Inocencio de San Andrés, y es un monje eficaz.

La norma que seguimos en el colegio es de austeridad y recogimiento, por lo que al enterarse el comisario apostólico, fray Pedro Fernández, viene al colegio para cerciorarse de la vida que hacemos. Cuando termina la visita reúne a todos los estudiantes y les incita a que sigan de la misma forma. «El mundo —les dice— está lleno de letras y falto de vida penitente, que armonicen el estudio con su empeño en el fervor religioso.»

Un día me piden algunas personas de Alcalá que escriba la vida de los Santos Justo y Pastor, patronos de esta iglesia. Me habría gus-

Paraninfo de la Universidad de Alcalá de Henares. *(Foto Oronoz)*

tado hacerlo, pero no soy historiador y más parecería un libro devoto. Debo ser respetuoso con la verdad y no añadir fervores que nada tienen que ver con el hecho en sí no falseado.

11

El padre Ángel de San Gabriel, natural de Ciempozuelos (Madrid), que cantó misa el día de Todos los Santos y ha estudiado metafísica en Alcalá de Henares, por decisión de los superiores había de quedarse aquí prelado, para que yo fuese a ser maestro de novicios a Pastrana... Mas al dicho fray Ángel de San Gabriel, estando aquí en Alcalá, le apretó mucho escrúpulo de ser presto prelado donde no hacía dos años había salido a ser religioso. Comunicó por cartas este escrúpulo con la madre Teresa y con el padre visitador de toda la orden, y parecióles a ambos, que le conocían bien, que él tornase a Pastrana por maestro de novicios, porque el que lo era, el padre Pedro de los Apóstoles, había de ir por fundador al convento de la Roda.

El mucho celo un tanto escrupuloso del maestro de novicios y las excesivas penitencias que les manda a los novicios, como vestirse de harapos, cortar leña en el monte para después venderla en la plaza pública a precios altos que provocan los insultos de los compradores, acompañar entierros, pedir limosna de puerta en puerta y otras rarezas, no consiguen más que intranquilizar a los jóvenes novicios, quitarles ánimo, ya que han venido a la Reforma en busca de la vida contemplativa y no hacen otra cosa con el padre maestro Ángel de San Gabriel que soportar arduas mortificaciones imposibles de resistir. Algunos piensan abandonar, como fray Jerónimo Gracián de la Madre de Dios, y pasar a la Orden de Calzados. El malestar crece y casi todos censuran al escrupuloso y exigente maestro. Fray Ángel de San Gabriel achaca dicho malestar a la debilidad y mala voluntad de los menos obedientes y escribe a la madre Teresa lleno de quejas y justificaciones. La Madre, conocedora del gran problema que en Pastrana se va desarrollando contra la vocación y el entusiasmo de sus carmelitas reformadores, envía dicha carta al padre Domingo Báñez pidiéndole su parecer:

> «Ese padre maestro de novicios —contesta el padre Báñez a la madre Teresa— no parece hombre de buen celo y de buenos deseos, y pues quiere luz, no es razón negársela. Désela Je-

sucristo y enséñele la suma de la perfección: *Discite a me, quia mitis sum et humilis corde...* Mucho valen para ganar esta humildad los ejercicios y mortificaciones exteriores; mas han de ser con prudencia de lo que está escrito... No es mortificación prudente que el fraile que ha profesado tanto recogimiento como es el de la primera Regla salga a peregrinar sin otra necesidad. Mucho menos vestirse en figura de pobre, dejando el hábito... Querer imitar en esto a los Padres Teatinos es hacer otra religión que no es el Carmen; ellos no tienen hábito señalado; su profesión no es de recogimiento, ni silencio, ni ayuno, ni coro perpetuo... El fraile y monje no tiene necesidad de buscar ejercicios ajenos; siga su profesión y calle, que sin que el mundo vea sus mortificaciones será santo. Muy presto me parecen esos celos de edificar al prójimo.

Lo que dice de San Francisco, que le tenían por loco y se desnudó y vistió como pobrísimo, yo lo adoro, porque fue ímpetu del Espíritu Santo; y querer imitar esos hechos raros sin aquel ímpetu es cosa de farsa... Si dice ese padre que siente que hay espíritu para hacer esos ejercicios, querría yo lo experimentasen en otros ejercicios más canonizados. Cáeme en gracia que, habiendo de comer a las once, dice ese padre que comen un bocado a las nueve, porque es tarde la comida. Aquí querría yo el espíritu... No me contenta lo que dice ese padre, que le tomará melancolía si le niegan lo que quiere. Muy resuelto está para ser como dice, tan nuevo y sin experiencia. Si busca mortificación, ésta lo es de veras: creer que se engaña.» (Esta carta lleva su firma, fechada en Salamanca a 23 de abril de 1572.)

Las circunstancias por las que pasa el noviciado de Pastrana me obligan a marcharme del Colegio de Alcalá y con mi ayuda poner orden en Pastrana, moderando ejercicios de penitencia, devolviendo la confianza en los novicios que desde el principio usan las dos túnicas: interior y exterior y en cada mesa del refectorio hay una escudilla de ceniza para memoria de lo que nos habemos de tornar y le llaman memoria; en la traviesa hay no solamente escudilla de ceniza, mas también calavera. Los hábitos son groseros, no sólo de materia mas también de hechura...

Bajo la ermita de San Pedro hay una cueva con una pequeña abertura, con el lecho de piedra, y sobre roca labrada, una mesa, junto a la que paso algunas horas en meditación y ejercicios de lectura. Aquí estudio los medios para alcanzar la perfección, como el plan de vida, el examen de conciencia, el ejercicio de la presencia de Dios, la oración en sus varias formas (vocal y mental), lectura meditada, jaculatorias, contemplación... Tras los acontecimientos que han sucedido en el noviciado de Pastrana hay que tener muy en cuenta la elección del maestro o director espiritual y la mortificación de los sentidos.

Todo esto coincide con la Regla monástica, y la utilidad y eficacia de este ejercicio es notoria para la corrección de los vicios y la enmienda de los defectos espirituales. Convencida el alma de que Dios la está mirando, tiembla ante la perspectiva de su abandono, si no corresponde a las gracias recibidas, y se cubre de rubor al imaginar a Dios.

Calmados los ánimos de los novicios y aminorados los exaltados fervores de su maestro, el padre Ángel de San Gabriel, me vuelvo al Colegio de Alcalá, donde debo atender a otros novicios que vienen a estudiar.

El convento de la Encarnación se encuentra al norte de Ávila de los Caballeros, fuera de las murallas; edificio sólido de piedra y arcos de ladrillo, con ciento treinta monjas mal alimentadas y no muy satisfechas por el nombramiento de la madre Teresa como priora, no elegida por ellas, sino impuesta por el padre provincial fray Juan Bautista Rubeo, comisario apostólico que ya les ha prohibido recibir nuevas novicias para que no muriesen de hambre. A todas las aflige el temor de que la recién nombrada priora obligue a llevar la vida austera de las Descalzas. La Madre se encuentra en el convento de San José desde que llegó de Medina y envía a decir que, si no echan antes a las seglares (hay muchas) que no ha de ir a ser priora. Aunque resisten..., las echan al punto. Este no es un monasterio de carmelitas relajadas, sino que se había fundado bajo la regla mitigada del Carmen y sin clausura.

Al llegar la madre Teresa a la portería de la Encarnación (viene del convento de San José, para tomar posesión), va acompañada del padre provincial calzado, fray Ángel de Salazar; de un compañero de éste de nombre Ledesma, del corregidor de Ávila, Mateo Arévalo Sedeño; de algunos alguaciles, y de otros curiosos, entre los que se encuentra el beneficiado de la iglesia de San Vicente. El provincial llama a la puerta y las religiosas hacen grandísima resistencia para que la Madre no entrase, diciéndole a ella y al provincial grandísimas injurias con tan grande inquietud y alboroto, que el ruido de él se oye en los muros de la ciudad, que están bien distantes del convento, negándose a franquear la puerta.

La Madre permanece sentada en una piedra a la puerta de la dicha

Patio del convento de la Encarnación. Ávila. *(Foto T. Pintos)*

iglesia de la Encarnación, con su manto blanco, a la espera de que el provincial y el carmelita que la acompañan abran la puerta que está junto al comulgatorio de las monjas para meter por allí a la madre Teresa. Viendo el provincial que ni forzando la puerta del coro bajo puede abrirla, y oyendo los insultos y protestas que las monjas infieren desde dentro, dice con cierta impotencia: «Pues no quieren a la madre Teresa de Jesús.» Una monja, doña Catalina de Castro, exclama: «La queremos y la amamos», y entona el *Te Deum,* que es coreado por otras muchas que están de su lado. Abren la puerta y por fin entra la Madre en el coro.

Muchas de las personas que van con la dicha madre Teresa de Jesús en entrando ella en el convento, van a un sitio que se llama el pradillo, que está a una buena distancia del convento, y allí oyen ser tan grande el alboroto que arman las monjas reacias, que ello parece oír bramar todo el infierno.

La Madre ha pasado toda su juventud en este convento (veinticinco años) y de él salió con otras monjas seguidoras de la Reforma para la primera fundación de San José. Grande tarea le espera si ha de poner en orden el convento que está en sumo abandono, tanto en lo material como en lo que atañe al espíritu.

El hambre y la miseria que hay en España no dispensa a las monjas de la Encarnación. Ni comen en el refectorio, porque no hay ni pan que llevarse a la boca. Cada monja come en su celda lo que puede recibir en el locutorio de amigos o familiares o lo que puede conseguir fuera, o marcha a casa de sus familiares, parientes o amigos a fin de obtener algo de comida.

Han pasado seis meses desde que la Madre entró como priora y poco ha podido remediar la penuria del convento. Ella misma escribe a doña María de Mendoza: «De la casa sólo pan como, y aun eso no quisiera.»

Al mes de estar en la Encarnación escribe a doña Luisa de la Cerda:

> «¡Oh, señora!, quien se ha visto en el sosiego de nuestras casas, y se ve ahora en esta barahúnda, no sé cómo se puede vivir... Con todo, gloria a Dios, hay paz, que no es poco, yéndolas quitando de sus entretenimientos y libertades: que aunque son tan buenas..., mudar costumbre es muerte, como dicen. Llévanlo bien; tiénenme mucho respeto; mas adonde hay ciento treinta, ya entenderá vuestra señoría el cuidado que será menester para poner las cosas en razón.»

Capilla del convento de la Encarnación. Ávila. *(Foto Oronoz)*

En otra carta a doña María de Mendoza escribe:

«Es para alabar a Nuestro Señor la mudanza que en ellas ha hecho. Las más reacias están ahora más contentas y mejor conmigo. Esta cuaresma no se visita mujer ni nombre aunque sean padres, que es harto nuevo ahora esta casa. Por todo pasan con gran paz. Verdaderamente hay aquí grandes siervas de Dios, y casi todas se van mejorando.»

La Madre se encuentra sola y enferma, con fuertes dolores en el costado, calenturas permanentes... «A mí me ha probado la tierra de manera que no parece nací en ella», escribe. Todo su esfuerzo será poco a fin de remediar tanta pobreza. Ha pedido limosnas a sus benefactores y es a doña María de Mendoza, a doña Magdalena de Ulloa y a la duquesa de Alba, que le remedia con cien ducados en esta ocasión, a las que solicita ayuda. A su propia hermana Juana de Ahumada le llega a pedir unos pavos para sus monjas. Es demasiada la necesidad y todo es poco para salir adelante. Sin tener alimentadas a sus monjas bien poco conseguirá mejorar su espíritu, que también le preocupa y ella lo sabe.

Todo esto lo cuento para que así haya mejor entendimiento y comprensión de mis actos durante el tiempo que permanezco como confesor de las monjas por deseo de la madre Teresa de Jesús. Se acuerda de mí y cree necesaria mi asistencia en el convento, y ella, que no ignora los problemas que puede traer mi nombramiento y presencia como descalzo en la Encarnación, envía a Salamanca al capellán del convento de San José, Julián de Ávila, para que solicite personalmente la licencia para mi traslado del Colegio de Alcalá de Henares a fray Pedro Fernández, dominico, que está de comisario apostólico en Salamanca. Éste tiene muy en cuenta que las monjas, acostumbradas a la dirección de los padres de la observancia, no admitirán otra nueva imposición de un descalzo para confesor, pero el comisario apostólico firma el nombramiento y lo entrega a Julián de Ávila para que éste se lo dé a su vez a la madre Teresa de Jesús.

Mucho me quiere y me estima la Madre cuando tiene tan alto juicio de mi persona, que al recibir la licencia de mi nombramiento le comunica a las monjas: «Tráigoles un padre que es un santo por confesor.» Y es en el mes de septiembre, una vez notificado mi nuevo cargo, cuando marcho a la ciudad de Ávila. Me instalo en el convento del Carmen, adosado a la muralla norte, por dentro, casi al frente de la Encarnación. De nuevo convivo con los padres Calzados y estoy con otros religiosos Descalzos, entre ellos el prior, fray Baltasar de Jesús; fray Francisco de los Apóstoles, portero; el padre fray Pedro de la Purificación, y el padre Gabriel Bautista.

No es el único convento donde vivimos Descalzos y Calzados. También en Toledo en esta misma época desempeña el cargo de prior descalzo el padre Antonio de Jesús, por imposición del padre visitador apostólico, para llevar a cabo la reforma del convento.

Tanto carmelitas Calzados y Descalzos confiesan y dirigen la espiritualidad de las monjas de la Encarnación.

12

He cumplido treinta años y en poco tiempo, ganándome la confianza y el respeto de las monjas, las confieso a todas, puede que por tener grande espera en el gobierno de las almas, sufriéndolas sus imperfecciones después de muchas veces advertidas y llevándolas a su paso imperfecto, sin violencia, hacia la perfección y por medios flacos.

Consigo reducir el trasiego en los cuatro locutorios, tan frecuentados por amigos y parientes, motivo de la disipación, que en nada favorece al recogimiento propio que exige la vocación carmelita; que dejen niñerías y cosas del mundo y abracen la perfección y oración. Ellas, dejándolo todo, se rinden, y lo hacen: quítanse las visitas y los demás impedimentos, porque les hablo con palabras dichas y propuestas tan a tiempo y tan del cielo, y con tanta blandura, suavidad y amor, que Dios Nuestro Señor hace posible este cambio tan deseado. Es de notar la notable mudanza que han hecho las religiosas mozas, abrazando esforzadamente los ejercicios de oración y mortificación y el retiro de las redes y locutorios y comunicación de seglares. Muchas de las monjas son de la nobleza de Ávila. Al poco tiempo prefieren confesarse conmigo y con otro carmelita descalzo que ha nombrado el comisario apostólico. Y esto no agrada a los padres de la observancia.

Pasa el tiempo y dedico más horas a las monjas de la Encarnación, por lo que la madre Teresa prepara una casa pobre, próxima al convento, y así evitar las contiendas que pueda tener con los Calzados y no causarles molestias, ya que el prior ha cambiado por un calzado.

Así que yo y mi compañero vivimos en una casa muy pobre, sin muebles ni adornos pero con un pequeño corral que da a mi celda y a otra vivienda vecina. También ejerzo de vicario del monasterio, cargo que se da a uno de los confesores, y llevo consigo verdaderos actos de gobierno en el régimen de las comunidades.

La casita que habitamos es propiedad del monasterio de la Encarnación y está algo separada de la cerca conventual, entre otras casas de vecinos; se le llama casa de la Torrecilla. Un breve de Gregorio XIII nos autoriza a los dos descalzos a vivir en ella desligados totalmente del convento del Carmen, donde hemos vivido la primera época, con prohibición de volver al mismo.

En mi celda no tengo más que una tarima y una manta que me sirven de lecho. Aquí vivo en plena mortificación y apenas como. Sólo me alimento de lo que me traen las monjas, que son tan pobres que me produce remordimiento sabiendo lo poco que tienen.

Pienso y escribo que si un alma tiene más paciencia para sufrir y más tolerancia para carecer de gustos, es señal de que tiene más aprovechamiento en la virtud. El alma que anda en amor, ni cansa ni se cansa.

A los españoles de esta época el cruce de varias filosofías y varias místicas (entre ellas la de los árabes), les hace más propensos a la deformación de la fe. Son necesarios hombres con ideas claras que pongan todo el gozo y las conveniencias de la posesión de Dios.

Felipe II es capaz de imponer el unitarismo contra la pluralidad religiosa del mundo moderno y de la herencia del mundo medieval. ¿Puedo calificar de triunfo esta imposición religiosa? Para unos, es el motivo de toda la grandeza que ha habido en España; para otros, la causa de todo atraso y decadencia. Para saber con certeza la verdad, hay que hacer un examen minucioso del sentimiento de la Iglesia y de la voluntad del Estado, en favor de la unidad religiosa.

Aunque no pueda exteriorizar mis sentimientos más íntimos, me afecta este cambio impuesto por la Corona a la sociedad y me siento incómodo en una Iglesia que no favorece la producción ni el progreso de mi país debido a la proliferación de clérigos y de las instituciones no productivas, o poner «bienes en manos muertas». Y no me olvido que soy clérigo y monje que desea con todas mis ansias la reforma de estas costumbres. Puede que esta unificación espiritual forzada sea la precursora de la decadencia en mi pueblo.

Sé muy bien que existen colaboradores del Santo Oficio repartidos por todo el país, siempre atentos a cualquier desviación religiosa

Fray Luis de León. Litografía de J. Donan. Museo Municipal, Madrid.
(Foto Archivo Espasa-Calpe)

o moral, y si alguien prefiere el silencio a la delación también se le considera culpable.

Admiro a fray Luis de León ya desde Salamanca, fraile agustino erudito y sabio cuya labor en la universidad, su actividad literaria, perfecto conocedor de la Biblia, sublime poeta, hombre de carácter combativo, envidiado por la rivalidad religiosa entre las órdenes que se disputan los cargos en vez de su entrega a Dios, permanece seis años en las cárceles de la Inquisición por envidia de los dominicos, y no debo comunicar mi alegría ni apoyar sus ideas porque también yo, entre mis antiguos compañeros carmelitas calzados, tengo quienes vigilan y están atentos a cualquier falta mía que dependa de la jurisdicción del Santo Oficio.

Sé que empiezo a molestarles con mis extañas ideas de renovación, según ellos. Vivo en un clima de sospecha y represión. Al pueblo no sólo le preocupa la pureza de la fe, sino la pureza de la sangre. Es una obsesión colectiva que hace poner trabas a la libertad, siendo el mimetismo la única salida posible.

Y los que piensan, contribuyen a lo que se cree ser un esfuerzo nacional colectivo. Y aunque la mayoría de ellos sostienen una actitud empirista, también hay quienes creen y luchan por la existencia de otro estado más perfecto para el espíritu. Y es cuando se inicia el movimiento místico, sin ostentaciones, sino calladamente. Nunca abandonaré las fuentes de la tradición popular. Como religioso debo aceptar las imposiciones del Concilio de Trento, que lo único que ha conseguido es que se pierda toda esperanza hacia una España abierta y libre. A veces dudo y prefiero obedecer a pensar, porque dudo e ignoro lo que es más importante: si la obediencia a la Iglesia o la revolución y paz interior.

¿Por qué se quemó, entre otros muchos, al doctor Agustín Caralla, uno de los predicadores favoritos del emperador? Ni el mismo emperador, debido a los muchos beneficios obtenidos con la Inquisición, pudo cortar sus abusos y procedimientos.

No busco justificación alguna a los crímenes y delitos que bajo el nombre de Dios recaen en su mayoría sobre personas inocentes víctimas de los propios intereses de esta Iglesia que tanto necesita reforma.

¿Es el Tribunal de la Inquisición digno o indigno? ¿Quiénes se benefician con ese modo tan extraño y antinatural de procedimiento? ¿Por qué los que verdaderamente tienen el deber de opinar silencian sus juicios y la Iglesia católica opta por una actitud reservada

Felipe II. Grabado de Antonio Gómez. *(Foto Archivo Espasa-Calpe)*

en vez de enfrentarse con esas terribles interpretaciones de la Ley de Dios, de la moral y de las costumbres de un pueblo que está lejos de toda crítica y del concepto histórico? ¿Quiénes son inquisidores? ¿Los administradores de la conciencia de un pueblo inculto, fanático, oprimido y muerto de hambre? ¿Por qué no existen juicios críticos respecto al Santo Oficio? ¿Son santos y venerables prelados o cardenales que reparten el miedo y el temor como defensa? ¿Pero, defensa de qué, de la fe, de los intereses de la propia Corona, del emperador, de sus compromisos políticos? ¿Qué tiene que ver el espíritu, el alma, el bien, la conciencia, en una palabra: Dios?

Mi refugio es la poesía que se caracteriza por el abandono del mundo, y desde ahí emprendo el camino de la perfección, transfigurando la naturaleza y el entorno.

Un día por la noche, mientras ceno lo que me preparan las monjas, habiéndome dejado abierta la puerta de mi celda, me sorprende la presencia de una joven y hermosa doncella, de noble familia, deslumbrante en otras cualidades. Sé quién es porque hace tiempo me sigue con miradas llenas de pasión y deseo. Estoy solo, ella conoce todos mis movimientos, y no le importa provocarme, ofrecérseme..., a mí, que tengo treinta años, también joven y que tengo algo que atrae a la gente. Para entrar ha saltado la tapia del corralillo y sin apenas hacer ruido se ha metido en mi cuarto. Por un momento dudo y siento la tentación de la carne, porque además de muy agraciada es dulce y tiene otras muchas atribuciones para seducir y atraer la atención de cualquier hombre. Mas reacciono con mucha cordura y sin perder la calma, la amonesto duramente. La joven reconoce su temeridad y osadía, saliendo avergonzada; salta de nuevo la tapia y se vuelve a su casa con otra joven que se ha quedado fuera aguardándola.

En otra ocasión, un caballero rico se prenda de una joven monja, dulce y más agraciada, a la que visita frecuentemente, atiende, obsequia, regala y le da muchos dineros, que hace murmurar a todos cuantos conocen este hecho, tan poco edificante. Pero la monja viene a confesarse y le aconsejo. No pasa mucho tiempo cuando decide voluntariamente no volver a recibir ni a ver a este caballero tan solícito. Enterado el hombre de que he tenido parte en la reacción negativa de la monja, no se resigna: me aguarda una tarde a la salida de la iglesia de la Encarnación camino de mi casa, se abalanza sobre mí, me apalea y da de golpes, dejándome maltrecho en el suelo. También le conozco, pero callo y silencio tanto su nombre como el de la monja, que no merece este asunto otra cosa ni mayor atención.

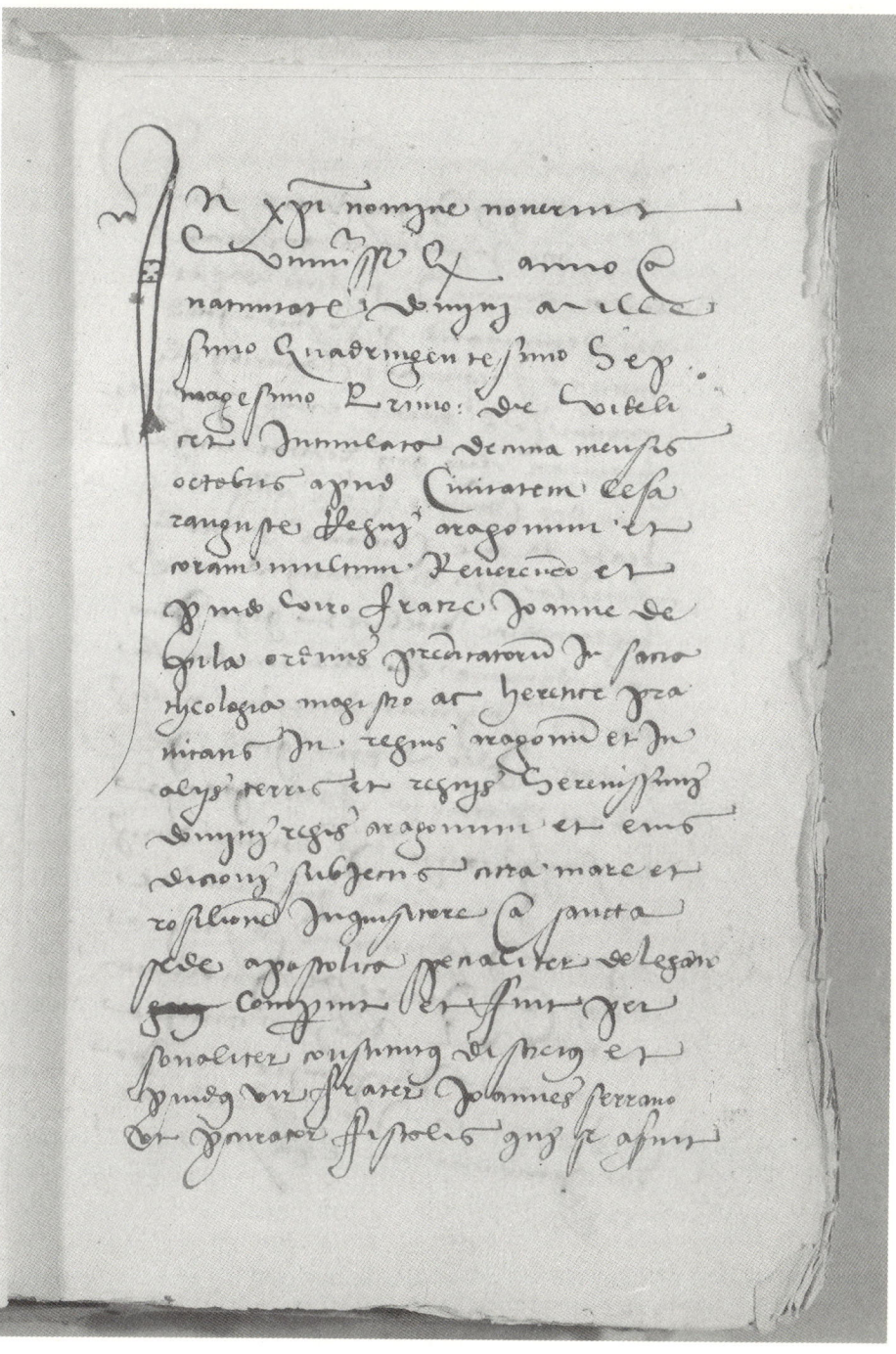

Causa del Tribunal de la Inquisición contra un canónigo de la catedral de Teruel.
(Foto Archivo Histórico Nacional)

Mucho me duele la indigencia y pobreza en que viven. Pido por ellas hasta limosna para remediar en lo posible lo que necesitan, pues hay algunas monjas que van descalzas porque no tienen ni para calzado. Intento consolarlas no ya de palabra, sino por escrito, llenando unos billetes con algunos pensamientos que les reparto para su gozo y alivio. Ignoro por qué me creen tan severo y tan justo y hasta dicen que soy santo. Se equivocan, porque cuando más santo sea el confesor, más suave es y menos se escandaliza de las faltas ajenas, porque conoce mejor la flaca condición de hacerlo. Yo lo único que hago es imitarlos, pero de una forma vaga y personal; que no merezco tales atribuciones. Lo cierto es que las monjas siguen mis avisos y hasta me preguntan que qué les hago, que luego las hago hacer lo que quiero. Yo les respondo que hácelo Dios todo y para eso ordena me quieran bien.

Y por si les falta algo más para que se vuelquen hacia mi persona y me veneren, una monja de ellas, doña María de Yera, se ha puesto muy grave y la trasladan a otra habitación más cómoda; pero en el camino, sobre el colchón en que la llevan, pierde el sentido. La madre Ana María de Jesús, mujer de gran virtud y mucha oración, que me ha tomado estima y me insiste en que los consejos los dé a las monjas por escrito, me avisa urgentemente. Entro con mi compañero a la clausura y, al llegar hasta la enferma, la madre Ana María me dice: «Padre, ¿cómo ha sido esto? Buena cuenta ha dado de su hija, pues se le ha muerto sin confesar ni sacramentos.» Yo no le respondo. Bajo al coro, me arrodillo y quedo en oración. Al rato se me acercan alborotadas algunas monjas diciéndome que la difunta ha vuelto a la vida. Subo a la habitación de la enferma y digo sonriendo a la madre Ana María: «Hija, ¿está contenta?» Confieso a la que dan por resucitada y le administro los sacramentos, ayudándole a bien morir. Las monjas dicen entre ellas que ha sido un milagro mío. No sé cómo cerciorarlas y convencerlas de que yo sólo soy un pobre fraile que intenta servir a Dios Nuestro Señor y es Él quien hace maravillas.

Afirmo y reconozco, como Santo Tomás, que Dios no puede dar al hombre el don del milagro si la verdad de su doctrina es falsa, pero me niego a dar crédito al entusiasmo de las monjas respecto al don milagroso que me atribuyen; que lo único que deseo es ver mis anhelos cumplidos, comunicar a los demás las inspiraciones divinas con que Dios me regala.

Con alguna de ellas, en especial con la madre Ana María de Jesús,

Quema de condenados por la Inquisición. *(Foto Archivo Espasa-Calpe)*

tengo confidencias espirituales, que oculto a todos en la más infranqueable reserva. Uno de los días entrego a la madre Ana María un papel de reducidas dimensiones en el que he dibujado a pluma un Cristo crucificado, reflejo de una visión que he tenido mientras oraba. Me ha producido tan grande impresión, que he sentido la necesidad de pintarlo.

En esta pequeña casa junto a la Encarnación me entrego ignorante en mi continuo retiro espiritual para salir de él como entrara, sin el auxilio de enseñanza alguna, sin estudios, sin grandes lecturas, sin aprendizajes de ninguna especie. ¿Estaré dotado de tal estado místico? ¿Serán fenómenos sobrenaturales de la vida mística que fortalecen el mundo de mis sentidos porque tengo absoluta confianza en la voluntad de Dios?

13

Mi trato con la madre Teresa de Jesús es obligado y necesario. Ahora nos vemos con frecuencia y cuánto eficaz es la Madre para la Reforma y de cuánto mérito dispone para alentarnos a todos con esta obra. Mas no debería escribir en sus cartas que me estima y quiere mucho a este su confesor, y que diga de mí que me ama tiernamente, porque tengo un alma muy cándida y pura, y que soy varón sin malicia ni marañas, y que tengo altísima contemplación y una paz grandísima. ¡Si supiera de mis trabajos tan hartos y tan sobrados...!

No sólo pruebo a las almas que dirijo, ejercitándolas en la negación interior aun de las cosas más santas, sin excluir a la propia madre Fundadora, que me conmueve por su temple humilde y por todo lo que escribe en este tiempo que me maravilla de tal modo, que nuestras relaciones espirituales aumentan y los dos unidos por el espíritu de la Reforma pasamos bastante rato en el locutorio ocupados en los asuntos de las monjas; y sobre todo me hace vivir la plenitud de su dicha espiritual mientras buscamos soluciones a los muchos problemas que hay en esta época y que repercuten en nuestros conventos reformados.

La sociedad no posee la capacidad de adaptación a los cambios que posee la actual economía, y los metales preciosos que llegan de Potosí y Juanajuato no quitan la escasez de alimentos y de otros productos, porque el pueblo tiene debilidades humanas como la holgazanería y la avaricia, y poco o casi nada puede hacerse sin estímulo.

Muchos de los poderosos convierten sus tierras en pastos para las ovejas con la sola pretensión de obtener más beneficios de la lana. Los precios aumentan de tal forma que no es posible vivir ni con lo más necesario. Casi toda la plata que recibe España de sus virreinatos de ultramar es enviada de inmediato a otros países para pagar los préstamos hechos a la Corona, al ejército (que es una mezcla de soldados de diversas nacionalidades), y se atrasan los pagos, deudas a banqueros... Por lo que sólo se tiene en cuenta la especulación, y el pueblo está deshauciado, fuera de esperanza y, como siempre, es el resignado perdedor.

Un caso sorprendente sucede en el monasterio de Nuestra Señora de Gracia, construido sobre una mezquita árabe, en el que estuvo a los dieciséis años la madre Teresa de Jesús para ser educada, regido por monjas agustinas.

Hay en él una religiosa, María de Olivares, natural de Ávila, que ingresó en el convento a los cinco años y profesó el año 1563; joven prodigio que desde los seis años, sin maestro ni estudio, explica magistralmente las Sagradas Escrituras, causando admiración entre sus compañeras y a cuantos la escuchan. ¿Es normal que sin haber obtenido la preparación conveniente haga con tanta precisión y sabiduría tales comentarios? Los superiores de su orden, que no ven proverbial el caso de esta religiosa, deciden examinar a conciencia el espíritu de la monja y hacen llegar hasta el locutorio del convento a los mejores y más preparados teólogos de la Universidad de Salamanca para estudiar a la monja. Entre ellos, a Mancio de Corpus Christi, a Bartolomé de Medina, a Juan de Guevara y al maestro de todos: fray Luis de León. Estos hombres doctos y experimentados afirman que el espíritu de la monja es bueno. Pero este juicio no satisface a los superiores, y para su tranquilidad se fijan en mí y acuerdan sea yo el que examine a la monja y les dé mi valoración.

No me agrada este asunto y hago lo posible porque no se tenga en cuenta ni se precise mi opinión, que además he sido discípulo en la Universidad de Salamanca de los que ya la han visto. Mas el general de la orden agustiniana, que visita Ávila, como la madre Teresa, insisten y me convencen para que vaya a visitar a la monja. Antes doy conocimiento a la Inquisición y pido licencia para hacerme cargo de este asunto. Una vez que los inquisidores me autorizan, estudio y examino a esta monja que tanto preocupa.

Al convento de Nuestra Señora de Gracia me acompaña uno de mis compañeros descalzos. Entro en el confesonario y el padre general y las monjas aguardan impacientes el resultado de mi primera conversación. Paso una hora hablando con la monja y al salir les digo sin rodeos: «Señores, esta monja está endemoniada.» Mi intervención es en el año 1574 y escribo un dictamen de mi parecer sobre el caso para la Inquisición de Valladolid. Con este motivo, la Suprema de Madrid manda una carta del 23 de octubre de 1574 a la de Valladolid en la que dispone que, «luego que se reciba ésta hagáis parecer en ese Santo Oficio a fray Juan de la Cruz, carmelita descalzo, y le examinéis del memorial que envió o dio en esa Inquisición».

El proceso de exorcismos es largo y difícil. Subo al convento una o dos veces por semana acompañado por fray Francisco de los Apóstoles, por el padre fray Gabriel Bautista y por el padre fray Pedro de la Purificación, que se van alternando. Antes digo la misa a las monjas, que me tratan con grandísima familiaridad. Algunas son de muy buena presencia, pero yo procuro no sentir atracción alguna, quedándome a un lado; no parezco hombre.

La monja endemoniada me descubre que se entregó al demonio cuando sólo tenía seis años, estando ya en el convento. Son muy desagradables los exorcismos que hago a la infeliz posesa, que me insulta furiosa, grita, se revuelca en el suelo, echa espumarajos por la boca y hasta intenta acometerme. Las monjas y mis acompañantes, que observan los conjuros, se atemorizan. La monja endemoniada, fuera de sí, me grita desesperada: «¿A mí, a mí, frailecillo? ¿No tengo yo siervos?» Pongo una cruz sobre ella y arroja la cruz contra el suelo. Yo la mando cogerla y besarla y me obedece dando grandes aullidos.

Los exorcismos duran varios meses, que debo sobrellevar con mucha dedicación y más sacrificios, y voy consiguiendo apaciguar y destruir todos los errores que acosan a la pobre endemoniada.

Pero el demonio no se da por vencido y se resiste. Un día de los que yo me encuentro en la Encarnación, se presentan en el torno del convento de Nuestra Señora de Gracia dos carmelitas descalzos que uno dice ser yo y el otro mi compañero. Visten nuestros mismos hábitos, tienen nuestra misma figura y el mismo tono de voz, por lo que entran al convento sin ninguna dificultad y, como yo acostumbro, pasan al confesonario con la monja posesa. Cuando sale la monja está desesperada y la madre superiora al verla en este estado pregunta qué ha pasado. La posesa le responde: «Fray Juan me ha dicho lo contrario de otras veces.» Extraña aquello a la superiora y me escribe una breve carta. Cuando la leo, digo a fray Francisco de los Apóstoles: «Vamos a las monjas.» Y subimos al convento y vuelvo

San Juan de la Cruz exorcizando a una monja endemoniada.
Grabado de Franciscus Zucchi, 1891. *(Foto Archivo Espasa-Calpe)*

a conjurar a la monja, a la que el demonio ha engañado tomando mi hábito y mi figura.

Han pasado algunos meses y por fin he logrado sacar el demonio a la posesa. El Santo Oficio ha hecho comparecer en Valladolid a la monja, que ya está su alma libre del demonio y parece como salida de una larga pesadilla, dedicándose a las prácticas piadosas.

De nuevo estoy en mi celda próxima a la Encarnación, donde me oculto de los comentarios y elogios que hacen sobre mí con motivo del exorcismo de la monja del convento de Nuestra Señora de Gracia. No es la primera vez que lo hago; aunque no todas es el demonio quien se encuentra en el espíritu de las monjas, como es el caso de la hermana Isabel de San Jerónimo, del convento de Descalzas de Medina, que lo que tiene es neurastenia.

La madre Teresa de Jesús no reprime sus impulsos ni su gozo y antes de ir a Medina le escribe a la priora: «Ahí les envío al santo fray Juan de la Cruz, que ha hecho Dios merced de darle gracia para echar los demonios de las personas que lo tienen. Ahora acaba de sacar aquí, en Ávila, de una persona, tres legiones de demonios, y a cada uno mandó en virtud de Dios le dijeren su nombre, y al punto obedecieron.»

¡Cómo es la Madre...! Debería saber que no soy santo y que para llegar a serlo y ser perfecto hay que pasar por las virtudes del hambre, la vigilia, el silencio y el aislamiento espiritual, y aunque lo intento y practico lo mejor que puedo estas virtudes, tanto alboroto sobre los dones con que me regalan me aleja de conseguirlo.

Por ello busco en la soledad de esta celda el generoso amor que por Él siento, objeto de mis ansias y de mis anhelos espirituales, que no los compensa el éxito ni la gloria mundana.

Y no es el único exorcismo en el que con la ayuda de Dios consigo echar al demonio, que no me deja en paz y me tortura con tentaciones de impureza ahora que soy todavía joven y a veces me hace trampas la mucha imaginación que poseo y yo lucho contra la misma naturaleza entregándome a la oración y a la penitencia en la soledad de mi celda; porque Dios premia al que vive en soledad con Él, en su presencia, y no permite que el demonio haga de las suyas; aunque lo hace y se venga de mí cuanto le viene en gana.

Sea por el ayuno y por la excesiva lucha que predispone mi espíritu a estar en guardia ante el asalto del maligno en el pecado de la carne, me voy poniendo pálido, descolorido, y quedándome sin fuerzas. Porque el demonio me atormenta constantemente y me maltrata.

Fachada del convento de las Descalzas, Segovia. *(Foto T. Pintos)*

Mi madre vive en Medina del Campo, junto al convento de las Descalzas, y enseña a tejer a la madre Francisca de Jesús dentro de la clausura.

El 18 de marzo de 1574 voy con la madre Teresa de Jesús a la nueva fundación de las Descalzas de Segovia. Nos acompañan, además de las monjas, el padre Julián de Ávila y un caballero de Alba de Tormes de nombre Gaytán.

La iglesia es un portal y en él colocamos un altar sobre el que ponemos una cruz. Al día siguiente, muy temprano, inauguramos la casa, poniendo el Santísimo en el altar debidamente preparado. El padre Julián de Ávila celebra la primera misa y yo digo la segunda.

La Madre, que ya tenía licencia verbal del prelado, por evitar nuevos obstáculos e inconvenientes y temiendo al provisor de la diócesis que sustituye al obispo ausente, que desconoce esta nueva fundación y que puede exigir la correspondiente autorización por escrito, dispone que se inaugure muy de mañana la casa de Descalzas para que pase más desapercibida.

Un día, al poco de abrirse el convento, Juan de Orozco y Covarrubias, canónigo de Segovia, al pasar frente a la puerta de la nueva casa ve sobre ella una cruz y pregunta qué hay allí. Le contestan que es un monasterio de las Descalzas que han abierto hace poco. Entra y ve el altar con la cruz. Pregunta si puede decir misa y le dicen que recibirán merced en ello... El canónigo termina la misa, y cuando todavía está en el altar, llega el provisor encolerizado increpando al canónigo: «Esto estuviera mejor por decir.» Mientras da vueltas alrededor del altar buscando a quien ha osado poner el Santísimo, el padre Julián de Ávila, atemorizado, se esconde tras una escalera para evitar la furia del provisor. Las monjas están encerradas en su clausura provisional. Enfurecido como está, el provisor viene a tropezar conmigo y me interroga: «¿Quién ha puesto esto aquí?» Le respondo suavemente, interrumpiéndome lleno de cólera: «Quitadlo luego todo; cierto que estoy por enviaros a la cárcel.»

La Madre y las monjas, desde la clausura, observan asombradas el desagradable comportamiento del provisor, a quien le falta tiempo para deshacer personalmente lo que ellas han preparado con tanto amor la noche pasada.

Ha puesto un alguacil a la puerta para que nadie intente decir misa en este lugar y hasta ha enviado a un sacerdote para consumir la sagrada forma. Entre tanto, yo permanezco humilde y callado ante la conducta del provisor. Una de las monjas que se encuentra con la

Madre es María de la Encarnación. ¿Quién habrá notificado al provisor de nuestra presencia en Segovia?

Muchos testimonios y algunas escrituras necesita la madre Teresa para que este convento quede dispuesto. Por encargo de la Madre, el padre Julián de Ávila y el caballero Gaytán marchan a Pastrana para traer a las monjas de aquella otra casa de Descalzas que la princesa de Éboli ha convertido en tapadera de sus caprichos, y ha de cerrarse. Yo regreso a la casa de Ávila. Son los últimos días de marzo de 1574.

SEGUNDA PARTE

Dibujo del venerable varón Fray Juan de la Cruz. Grabado de Alardo de Popma. Biblioteca Nacional, Madrid. *(Foto Archivo Espasa-Calpe)*

la cárcel y el verso
(1574-1586)

1

LOS padres de la observancia, que han apoyado a la Madre, tienen sobrados motivos para cortar su ayuda a los Descalzos. Porque hemos hecho algunas fundaciones sin pedir autorización al general del Carmen piensan que estamos contra ellos, y pronto sentiremos las consecuencias de este desacierto, hecho sin malicia ni propósito de ofensa.

El general autorizó la fundación de los conventos reformados: Duruelo, traslado a Mancera, y Pastrana. Después, por mediación del príncipe de Éboli, Ruy Gómez, autorizó el Colegio de Alcalá de Henares; al año siguiente, a petición de Ruy Gómez, el convento de Altomira (Cuenca); al siguiente año, el de La Roda; en el 1573, otro convento en Andalucía, que no se hizo, y en 1574, el de Almodóvar del Campo.

Felipe II había conseguido un breve de Roma el 1567 para que se nombren visitadores apostólicos, que, con independencia del general, visiten a castellanos y andaluces. El general Juan Bautista Rubeo no se entera del breve por encontrarse fuera y cuando lo conoce en 1568 pide su anulación.

Al año siguiente, por mediación de Felipe II, se nombran comisarios apostólicos a fray Pedro Fernández, prior del convento de Dominicos de Atocha, para la provincia de Castilla, que realiza el ejercicio de su cargo pidiendo la opinión del provincial Calzado en asuntos que afectan a los padres de la observancia, y a fray Francisco de Vargas, también prior y dominico del convento de San Pedro en Córdoba, para Andalucía, que obra sin consultar al general del Carmen. Esto crea la tirantez y rebeldía de los frailes Calzados contra todo lo referente a los Descalzos.

Además, el padre Vargas entrega a los Descalzos el convento de los Calzados en San Juan del Puerto (Huelva), autoriza las fundaciones de Sevilla, Granada y La Peñuela, nombrando al padre Baltasar y luego al padre Jerónimo Gracián visitadores de Calzados y Descalzos en su provincia de Andalucía, que agota la paciencia del general de la observancia y decide con los padres Calzados tomar precauciones y medidas para lograr suprimir cuanto antes a los Descalzos, que nuestro crecimiento es una amenaza y un peligro para ellos, según piensan.

Este mismo año de 1574 convocan una junta de provinciales españoles: fray Ángel de Salazar, de Castilla; fray Jerónimo Jordán, de Aragón; fray Antonio Vidal, de Cataluña; fray Agustín Suárez, de Andalucía, y fran Gabriel de Santiago, de Portugal. Deciden comunicar al padre general de la observancia como sugerencia que solicite del papa Gregorio XIII que el nombramiento de comisarios apostólicos se dé a los frailes de la orden. Y es al padre Jerónimo Tostado, doctor por París, hábil en los negocios, amigo del padre Rubeo, al que comisionan para llevar a Roma las decisiones de la junta y presentarlas al general. El Papa envía un breve derogando el nombramiento de comisarios apostólicos que tienen los Dominicos expedido con fecha 3 de agosto de 1574.

Con el propósito de hacer algunas cosas y trabajos y ser más eficiente en mi deber como vicario y confesor de las monjas de la Encarnación, procuro ejercitarme en las etapas que el alma debe recorrer para lograr la contemplación. Por virtud me privo de los deleites carnales y en cambio Dios me recompensa con la facultad de engendrar hijos espirituales, siendo procreador en la vida de alegría en las almas. A mis treinta y dos años de edad necesito rechazar, como prueba de ilusión, todo favor divino, porque, aunque puede ser de Dios, no es Dios, y busco toda tribulación espiritual que es signo inequívoco de que el alma va por el camino de la perfección; que no sólo los bienes temporales y gustos y deleites corporales impiden a Dios; mas también los consuelos y deleites espirituales, si se tienen o buscan con propiedad, estorban el camino de las virtudes.

Gregorio XIII. Biblioteca del Monasterio de El Escorial. *(Foto Oronoz)*

¿Por qué renuncio de buen grado a todo consuelo espiritual? ¿Por qué me resisto al disfrute de gozos permitidos en mi estado religioso si de tanto negarme puedo acostumbrarme a prescindir de los sentidos? ¡Cuánta desolación en mi espíritu a fin de que no sienta consuelo y alegría...! ¿Por qué me impaciento si gozo y disfruto de la familiaridad en el trato con Dios?

Ha pasado un año y el general de la observancia da a conocer a los Calzados en mayo el documento del Papa. Antes, el nuncio en España, Ormaneto, al que se le había informado de la anulación del cargo que ejercían fray Pedro Fernández y fray Francisco de Vargas, les nombra con el título de comisarios, otorgándoles mayor autoridad. Y lo mismo hace con el padre Jerónimo Gracián para la provincia de Andalucía. Es el Papa quien lo confirma en documento fechado el 27 de diciembre de 1574. Enterado el general de la orden, Juan Bautista Rubeo, estalla indignado y escribe a la madre Teresa de Jesús en octubre y en enero de 1575 para que le informe detalladamente sobre la conducta de los Descalzos. Pero la Madre no ha recibido dichas cartas hasta el mes de junio.

Los Calzados protestan sobre todo los andaluces y envían a Roma informes difamatorios e injustos contra el padre Gracián y los Descalzos. Utilizan la calumnia para hacernos más daño.

La Madre contesta al general fray Juan Bautista Rubeo el 18 de junio de 1575:

> «No los puedo dejar de echar la culpa. Ya parece van entendiendo que fuera mejor haber ido por otro camino por no enojar a vuestra señoría.»

Pero la Madre desconoce que en mayo de este mismo año se ha celebrado capítulo general en Placenza de Italia, y, en ausencia de los comisarios apostólicos y el silencio de los Descalzos y de ella misma, que no ha contestado al general de la orden, el capítulo se pone a favor de los acusadores, ordenando lo siguiente:

> «Con la autoridad del Sumo Pontífice Gregorio XIII, se manda que todos los religiosos elegidos contra los estatutos generales y contra la obediencia al prior y maestro general, o que recibieron conventos o lugares, en cualquier parte que sea, contra la voluntad del mismo prior general, los edificaron, habitaron o habitan, sean declarados despojados de ellos y removidos de todos los oficios y de toda administración, sin apelación

alguna. Los reverendos maestros provinciales y cualquier otro ministro o rector de las provincias o de los conventos amoverán y expulsarán a los así indebidamente elegidos, aplicándoles la pena de suspensión a divinis, de privación de puesto y de voz y de otras censuras que juzgaren convenientes, excluida toda obediencia a los mismos. Y porque hay algunos desobedientes, rebeldes y contumaces, llamados vulgarmente Descalzos, los cuales, en contra de las patentes y de los estatutos del prior general, han vivido y viven fuera de la provincia de Castilla la Vieja, en Granada, Sevilla y cerca del pueblecito llamado La Peñuela, y no quisieron, excusándose con falacias, cavilaciones y tergiversaciones, aceptar humildemente los mandatos y las letras del prior general, se les intimidará a los dichos Carmelitas Descalzos bajo penas y censuras apostólicas, incluso, si fuese preciso, invocando la ayuda del brazo secular, para que en el término de tres días se sometan, y si resisten, se les castigue gravemente; y que sepan que son citados por nosotros para que comparezcan personalmente, y en caso de resistirse, se haga constar ante testigos. Se requerirá para ello asimismo la ayuda de los reverendos arzobispos, de los nuncios de Nuestro Santísimo Señor el Papa y de sus legados a latere, como manda el mismo Sumo Pontífice en las letras dadas en Roma, en San Pedro, bajo el anillo del Pescador, el día 15 de abril de 1575, año tercero de su pontificado.»

Allí deciden enviar un visitador de la orden para Calzados y Descalzos, suprimir los conventos fundados sin autorización del general, prohibición de fundar nuevas casas de frailes o monjas, reclusión de la madre Teresa de Jesús en un convento por ella elegido y mandato so pena de excomunión, que ninguna monja Descalza saliese, ni lo consintiesen los prelados, en especial la madre Teresa de Jesús.

A todas las provincias llega desde Italia el manifiesto de acabar con los Descalzos. ¿Qué hacer ante la absurda persecución entre hermanos carmelitas?

Mi tiempo transcurre en el convento de la Encarnación, dedicado por completo a la formación espiritual de las monjas. ¿Cómo podré inculcarles la necesidad urgente de la contemplación en nuestra vida religiosa?

A primeros de enero de 1576 el padre Valdemoro, prior de los Calzados en Ávila, irrumpe en mi casa de la Encarnación sin ningún miramiento, y nos llevan presos a mi compañero fray Francisco de los Apóstoles y a mí a Medina del Campo, quitándonos a los Descalzos de la Encarnación, con harto gran escándalo, entre insultos y malas maneras.

La ciudad hace llegar un extenso informe al nuncio contra los Calzados, y Ormaneto manda, bajo excomunión, que vuelva a mi puesto de la Encarnación en Ávila, prohibiendo la entrada a ningún Calzado ni para decir misa.

En febrero ya nos encontramos en la Encarnación ejerciendo nuestro ministerio, pero yo me encuentro muy agotado y sufro esta desagradable actitud violenta de los Calzados, que poco edifican al pueblo que confía en nosotros y en ellos, le desvían y le confunden con sus frecuentes molestias a otros frailes que lo son por vocación y por convencimiento. Entre el ayuno, el mucho trabajo y las hartas preocupaciones, voy consumiéndome, y cuando la Madre, unos meses más tarde, me ve a menudo en el convento de San José de Ávila, escribe a Felipe II: «Este fraile, tan siervo de Dios, está tan flaco de lo mucho que ha padecido, que temo por su vida.»

Es en el verano de 1576 cuando llega a España el padre Jerónimo Tostado, como visitador de la orden en la Península, con el firme propósito de que se cumplan los preceptos del capítulo de Placenza. Pero el Consejo Real no le autoriza el ejercicio de su cargo por no estar acordes con las normas del anuncio apostólico y se marcha a Portugal mientras aguarda mejor ocasión para realizar sus intenciones contra los Descalzos. Para todos nosotros es un alivio y una bendición de Dios su marcha. En San Pablo de la Moraleja (Ávila) celebramos un capítulo para conocer lo que ha decidido el capítulo general. Se estudia la forma más conveniente para su desempeño, tomamos conciencia de que van contra nosotros, y es el padre Jerónimo Gracián al que el nuncio obliga a continuar en su cargo de visitador bajo excomunión y el que convoca una junta de Descalzos en Almodóvar el día 3 de agosto, celebrándose dicha junta el 9 de septiembre de este mismo año de 1576. Acuden los superiores de Mancera, Pastrana, Alcalá, Altomira, Granada, La Peñuela, Roda, Sevilla y Almodóvar. Entre los padres Juan de Jesús Roca, Diego de la Trinidad, Elías de San Martín, Francisco de Jesús, Pedro de los Ángeles, Antonio de Jesús y Gabriel de la Asunción me encuentro yo, como vicario y confesor de la Encarnación de Ávila, y alguno más. El capítulo lo preside fray Jerónimo Gracián, superior de los Descalzos, y en caso de ausentarse, el padre Antonio de Jesús.

A principios de 1576 el padre Gracián ha redactado las Constitu-

Capilla antigua del convento de San José. Ávila. *(Foto Oronoz)*

ciones que deben seguir en la Reforma, en las que se recomienda y recogen las primeras normas redactadas por fray Antonio de Jesús y por este fraile en el tiempo que estuvimos en Duruelo y las dadas por los generales Soreth y Audet para la reforma de la orden, que se practican en los conventos de Castilla y Andalucía.

Se discute el punto que trata de las relaciones entre la vida activa y la contemplativa. Surgen dos tendencias entre los asistentes: la vida activa en provecho del prójimo, los padres Antonio de Jesús y Jerónimo Gracián; la vida contemplativa, fray Gabriel de la Asunción, fray Brocado el Viejo, fray Francisco de la Concepción y yo, que les indico e insisto sobre la mucha necesidad de cortar algunos abusos contra la vida contemplativa, propia de nosotros los Descalzos; porque hay poco tiempo no sólo para vacar a la contemplación, pero ni aun para entrar en las celdas, y cuando entramos en ellas van tan ahogados los espíritus y tan cansados los cuerpos con estos actos exteriores, que más estamos para descansar que para hacer oración.

El capítulo aborda del mismo modo (y como defensa externa del acoso continuo a que nos someten los Calzados) las normas a seguir.

La Madre ya ha prevenido al padre Gracián con una carta que fecha el 5 de septiembre de 1576:

> «También he pensado que si al Papa ponen éstos estas informaciones no verdaderas, y allá no hay quien responda, que les darán cuantos breves quisieren contra nosotros.»

El capítulo dispone que los padres Juan de Jesús Roca, prior de Mancera, y Pedro de los Ángeles, superior de La Peñuela, traten en Roma de conseguir tan obligada independencia y continuar con la Reforma, tan hostigada por los Calzados.

Una gran alegría llena mi corazón al enterarme que el Santo Oficio ha puesto en libertad a mi gran admirado padre y maestro fray Luis de León.

2

La renuncia de mi cargo como vicario y confesor en el convento de la Encarnación de Ávila no es aceptada ni por el nuncio ni por el comisario apostólico fray Pedro Fernández y sigo recibiendo las continuas amenazas de los Calzados. La Madre, que tanto bien me

Convento de la Encarnación. Ávila. *(Foto T. Pintos)*

hace, ya no está de priora, y una vez más siento la rebeldía de mi voluntad; pero también aprovecho la ocasión de doblegarme nuevamente y obedecer siempre a mis superiores.

Es durante una de las conversaciones que tienen habitualmente en el locutorio del convento de San José don Lorenzo de Cepeda, hermano de la Madre; Francisco de Salcedo, Julián de Ávila, el capellán, don Álvaro de Mendoza, el obispo y yo, algunas veces, cuando el hermano de la Madre nos propone que demos una explicación sobre la frase que su hermana ha oído en su interior mientras oraba como si se la dictase Dios: «Búscate en mí.» El obispo nos invita a que demos cada uno la respuesta por escrito. Una vez reunidas las respuestas, el obispo las envía a la Madre, que se encuentra en Toledo, a finales del año 1576. A últimos de enero de 1577 la Madre escribe que todos hemos errado «por carta de más». Mi respuesta no le ha gustado, ya que dice que es toda ella un tratado de mística.

La situación con los Calzados va empeorando, sobre todo cuando muere el nuncio Ormaneto, el 18 de junio de 1577, que tanto ha beneficiado a la Reforma no importándole rechazar las muchas conveniencias de los Calzados. El nuevo nuncio, monseñor Felipe Sega, favorece a los Calzados, y es ahora cuando empieza el peor acosamiento.

En uno de mis coloquios con la madre Ana María, le digo que en breve tiempo me han de prender y venir sobre mí grandes trabajos; que me encomiende a Dios. Ella me replica que ¿cómo, estando tan acabado, gastado y flaco por la penitencia, ha de ser esto? Yo le respondo que así será.

Vivo en una época de grandes traiciones. Los medios utilizados para conseguir lo deseado son válidos y de este proceder no se libra ni la Iglesia. El pueblo de Ávila presiente que me va a pasar alguna desgracia y advierte a muchos caballeros de la ciudad para que me amparen y vigilen durante algunas noches alrededor de mi casa de la Encarnación.

Los padres Carmelitas Calzados procuran con mano armada prendernos muchas veces, y caballeros de la ciudad que nos tienen particular devoción, habiendo tenido noticias, nos defienden con gente, que repetidas veces nos ha velado. Viendo los padres Calzados que no había por entonces lugar a su pretensión, diéronle de mano para asegurarlos. Y cuando les parece que hay mejor ocasión, porque no nos velan ni ellos se recelan tanto, porque han pasado muchos días sin que nos inquietasen, una noche de primeros de diciembre de 1577, que me encuentro con mi compañero el padre Germán de San Matías en la casa de la Encarnación, llega un grupo formado por padres Calzados, seglares y gente armada..., descerrajan la puerta a golpes, que se oyen hasta en el convento de las monjas, y abalanzándose sobre nosotros, nos dicen que nos demos presos por orden del vicario general, padre Tostado. Yo les contesto pacíficamente: «Enhorabuena; vamos.» Nos atan las manos con hierros, nos llenan de insultos y nos conducen al convento del Carmen, donde me espera el padre Maldonado, prior de los Carmelitas de Toledo, que ha venido comisionado por el vicario general, fray Jerónimo Tostado, que está en Toledo, para absolver a las monjas de la Encarnación de las excomuniones lanzadas a primeros de octubre por el provincial contra ellas, por desobediencia y desacato a él, que les había prohibido votar a la madre Teresa de Jesús como priora de la Encarnación, a primeros de octubre de 1577, y las causa tantas molestias.

«Los letrados dicen que no están excomulgadas, y que los frailes van contra el concilio en hacer la priora que han hecho con menos votos.» Los padres de la observancia sospechan de la influencia que tanto yo como mi compañero pudimos tener en la decisión de las monjas en favor del voto a la Madre, y esto obliga a los Calzados a quitarnos de confesores y de toda relación con el convento de la Encarnación. El padre Maldonado trae dicha orden.

Arrasan nuestras celdas, llevándose todo lo que les parece importante sobre papeles; otros muchos los tenemos bien guardados. Trasladándonos al convento del Carmen, nos azotan por dos veces y nos hacen todo el mal tratamiento que pueden. A las pocas horas de nuestra detención, la Madre, que se encuentra en el convento de San José, se entera y teme por nosotros. Con fecha 4 de diciembre escribe indignada a Felipe II:

> «Tiénenlos presos en su monasterio, y descerrajaron las celdas, y tomáronles, en lo que tenían, los papeles. Está todo el lugar bien escandalizado. Cómo... se atreven tanto, estando este lugar tan cerca de donde está Vuestra Majestad; que no parece temen hay justicia, ni a Dios. A mí me tiene muy lastimada verlos en sus manos, que ha días que lo desean; y tuviera por mejor que estuvieran entre moros, porque quizá tuvieran más piedad... Por amor de Nuestro Señor, suplico a Vuestra Majestad mande que con brevedad le rescaten... Si Vuestra Majestad no manda poner remedio, no sé en qué se ha de parar, porque ningún otro tenemos en la tierra...»

En el convento del Carmen pasamos algunos días en los que intentan convencernos para que abandonemos la Reforma. Aprovechando el descuido de mis guardines en el tiempo libre que me permiten para oír misa, me escapo del convento y bajo a la casa de la Encarnación; me encierro en ella, rompo y hago desaparecer cuantos documentos, escritos y papeles comprometidos con la Reforma y renovaciones de los Descalzos. Pero me tienen tan vigilado que se ha notado mi fuga y vienen a por mí golpeando la puerta. Yo les abro y me detienen de nuevo.

El día 9 de diciembre, la Madre recibe noticias de que al padre Germán el prior de Ávila le ha llevado preso a San Pablo de la Moraleja, y a mí, el padre Maldonado, prior de Toledo; pero no sabe adónde.

El padre Tostado ha dado órdenes rigurosas al padre Maldonado para que me lleve a su presencia. Por ocultarme más, descamínase y viene conmigo a Medina del Campo, y de allí, con el mayor secreto que puede, endereza su camino a Toledo. El tiempo es frío en las tierras de Ávila a mediados de diciembre. Hacemos el viaje acompañados por un joven mulero que se indigna cada vez que me maltratan. Yo no me quejo ni les respondo ni me defiendo. Durante la parada en un mesón para hacer la noche, el joven habla con el mesonero y le cuenta lo que hacen conmigo, el mal trato que me dan sin yo merecerlo; que deben ayudarme. Así que proyectan mi fuga y con sigilo me proponen que me escape con ellos, que me ayudarán a traspasar la sierra a ocultas de los guardianes... Pero yo no acepto su bondadoso ofrecimiento y sigo preso en poder de los Calzados hacia Toledo.

Las monjas de la Encarnación sienten mi encierro más que todos sus trabajos, aunque son hartos; y la que más lo siente es la madre Ana María. Acuden ofendidas al nuncio, quejándose de la injusticia que se les ha hecho quitándome como confesor de esta mala manera, lo mismo que al padre Germán. Yo ejercía mi cargo por mandato del nuncio Ormaneto y del visitador apostólico fray Pedro Fernández. La protesta no se hace tardar en el Consejo Real que tiene conocimiento el 16 de enero de 1577.

Mucho se han encargado los padres del Carmen para ocultar mi paradero. La madre Teresa de Jesús escribe un mes más tarde:

> «Mi pena es que los llevaron y no sabemos adónde; más témese que los tienen apretados y temo algún desmán.»

¿Estimará Dios en mí el inclinarme a la sequedad y al padecer por su amor que todas las consolaciones y visiones espirituales y meditaciones que pueda tener? ¡Oh Señor, Dios mío! ¿Quién te buscará con amor puro y sencillo, que te deje de hallar muy a su gusto y voluntad, pues que tú te muestras primero y sales al encuentro a los que te desean?

Tengo miedo y soy débil. No sé qué me aguardará en Toledo y qué desean de este pobre fraile; que hice y hago de mi vida como un precepto el ejercicio de la vida cenobítica y todo esto no es más que un castigo a mis debilidades y no el fruto de mis virtudes. ¿Qué será de mi madre en Medina? ¿Se habrá enterado de mi detención? ¿Qué pensará de mí? ¿Sabrá los motivos y no dudará de su hijo? ¿Y la madre Teresa qué podrá hacer ante la oposición de los Calzados?

3

El convento de Nuestra Señora del Carmen de la observancia de Toledo está situado sobre las riberas del río Tajo, entre el célebre artificio de Juanelo y el puente de Alcántara. Su edificación es majestuosa y lo más parecido a una fortaleza; especialmente el templo, cuya capilla mayor, que tiene sus cimientos en la parte del río, sube a mucha altura. Cerca de ochenta religiosos conviven en este monasterio, que con el de Ávila es uno de los principales de este reino.

Es de noche cuando llegamos a Toledo. Antes de entrar en la ciudad imperial, para que no reconozca ni sepa adónde voy, como lo tienen determinado, me tapan los ojos con un pañuelo. No paran de darme vueltas por los laberínticos callejones a fin de que me desoriente y no sepa dónde me encuentro. Cuando estoy ya en el convento, muchos de los frailes acuden a mi alrededor para verme y recriminarme al mismo tiempo.

Mi figura debe de ser lastimosa, más bien digna de compasión, por mi aspecto consumido por el cansancio del viaje, por el mucho frío... Pero debo permanecer firme y soportar las sobradas acusaciones y amenazas que me infieren. Lo primero que hacen es conducirme ante el padre Tostado, que me espera con cierta impaciencia y malestar. Han formado un tribunal con el padre visitador general, el padre Maldonado y otros religiosos graves de la comunidad.

El padre Maldonado no parece reconocerme de cuando él era mi prior en los años de estudios en la Universidad de Salamanca. ¿Cómo se muestra tan voraz con mi débil persona? A no ser que lo que intente es conseguir mi desesperación ante la impotencia y ceda y renuncie a la Reforma y vuelva con ellos a la observancia.

Me leen las actas del capítulo de Placenza. El vicario general no hace más que cumplir lo ordenado y me insiste y repite que los Descalzos debemos desistir de nuestra Reforma y volver a la observancia si no queremos convertirnos en carmelitas rebeldes. Mas yo no he incumplido ninguna orden, puesto que mis funciones y cargos en la Encarnación de Ávila los han autorizado quienes podían hacerlo, y además con la aprobación del Papa y el Consejo Real.

El padre Tostado me increpa y lanza contra mí toda clase de intimidaciones y advertencias, pero yo le respondo que no daré un paso atrás aunque me cueste la vida. Al poco cambia de procedimiento y trata de captar mi voluntad con ofrecimientos tentadores. Hasta me promete darme un priorato, una buena celda y buenos libros (que saben mi debilidad por ellos), y también una cruz de oro. Esto último me hace sentirme sucio e indigno de mi vocación de religioso, y les digo que el que busca a Cristo desnudo no ha menester joyas de oro. Mi contestación les altera y les provoca, mostrándose con más rigor contra mi persona, y el tribunal, aburrido por mi entereza, me declara rebelde y mi postura obstinada. Me imponen la pena de cárcel, como está preceptuada en las Constituciones, por el tiempo que el general de la orden lo crea o le parezca oportuno, y me encierran en la cárcel conventual. Aquí paso dos meses aislado, donde el único alivio es la oración y siento como un abandono que cerca y debilita mi cuerpo pero que fortalece mis ansias del espíritu haciendo ejercicios con la mente y en verso para no perder la razón ni compostura. Procedo con tanto silencio y recogimiento, que algunos de los padres piensan que estoy loco. A este tiempo, el padre fray Germán de Santo Matías se ha ido de San Pablo de la Moraleja, donde le tienen preso, y, aunque el echarse por donde ha salido le ha costado trabajo (ha quedado herido en una pierna), se ha puesto a salvo.

Conocen la fuga de mi compañero aquí en Toledo y me cambian a otra celda, que preparan —o mejor destinan— para cárcel; muy estrecha, puesta al fin de una sala, bajo el dormitorio de los frailes que vienen de paso, en la que no puedo removerme. Tiene de ancho seis pies y hasta diez de largo, sin otra luz ni respiradero, sino una saetera en lo alto de hasta tres dedos de ancho. Esta celda se había hecho para retrete de esta sala en que ponen un servicio, cuando apo-

Aspecto parcial de Toledo; en primer plano, el puente de Alcántara. *(Foto Oronoz)*

sentan en ella algún prelado grave. Apenas a mediodía se puede rezar por el breviario el oficio divino. Donde estaba el servicio han puesto una tabla y dos mantas viejas como lecho. Esta es la cárcel que me han acondicionado para tenerme más seguro y evitar mi fuga. En señal de castigo me han quitado la capilla y el escapulario. Sólo me permiten el breviario. Es invierno y tengo tanto frío que se me han despellejado los dedos de mis pies.

Todos los viernes me sacan al refectorio, y allí, cuando los demás frailes están sentados a las mesas, me dan de comer pan y agua en el suelo, al centro, de rodillas, y acabada la comida, me desnudo la espalda, dándome el prelado una disciplina de varillas que sigue el resto de la comunidad en rueda mientras dura el recitado del *Miserere mei*. Me hacen mucho daño porque tienen conciencia de hacerlo, aunque algunos más jóvenes se compadecen. Luego me tornan a la cárcel. Cuánto me duele la espalda, porque de una vez para otra no se cicatrizan las heridas y las anteriores vuelven a sangrar y se abren.

Me reprenden continuamente el haber mudado el hábito; me llaman lima sorda, porque no respondo palabras ni me quejo. Me dicen que todo este castigo me lo he procurado yo por mandar y ser tenido por santo.

Un día oigo decir a un grupo de frailes a la puerta de mi cárcel: «¿Qué aguardamos de este hombre? Empocémosle, que nadie sabrá de él.» Insisten y vociferan para que me entere de que no saldré de aquí como no sea para la sepultura; que el nuevo nuncio Felipe Sega hará desaparecer a la Reforma...

Paso hambre, desprecios y miseria. Estoy muy débil y esta situación me angustia y me va ahogando interiormente. Sólo me permiten comer una sardina, a veces media; pan y agua. Hoy, como todos los viernes, al terminar la cena en el refectorio, el superior me insulta y me reprende el haber mudado el hábito por otro más humilde; que tengo alborotada a toda la orden, que soy un hipócrita... Tengo las espaldas tan malas que no he podido recibir disciplina. Algunos religiosos mozos lloran y se conmueven ante mi deplorable estado.

Han pasado varios meses y llevo la misma túnica. Me han prohibido cambiarla ni lavarla y se me va cayendo a pedazos. Mi aspecto es desolador y en tal grado mi dejadez física, que debo causar repugnancia o asco a todo el que se fije en este escombro y ruina de fraile encarcelado, aunque sea por curiosidad, reo de unas culpas que no entiendo.

Deseo tanto negarme a todo lo que no es Dios para llegar a Él que toda preparación en sufrimiento me parece insuficiente, y el abandono del alma y de mi cuerpo lo dejo a la providencia divina y lo someto a servidumbre suya.

El amor de Dios ha de ser fruto de la práctica de las más sublimes virtudes y meta de las más altas moradas. Quiero imitarle, parecerme a Él; aunque no lo consigo por mis limitaciones ni aun padeciendo este encierro, que a veces dudo si no mereceré por estar equivocado en mis ideas de la Reforma. ¿Qué puedo hacer sino recibir toda penitencia que purifique mi espíritu y mi corazón negándome a mí mismo toda vanidad y orgullo?

¡Paciencia, paciencia... en las adversidades que me ejercitan y preparan en la salvación de los demás! Señor, deseo verte; necesito sentirte y saber dónde me aguardas para que mi alma vaya a ti como al Amado, te mire, te oiga y no me quede en el olvido y nazca en mi alma tanta simpatía en la fe que tengo en tu palabra que me aparta del mal y mi afecto no deja lugar para otro afecto que no sea el tuyo; que la pasión ciega mis ojos y ya no ven más que tu imagen o figura, dueño mío, sin importarme ya tu ausencia si tú la prefieres. Sólo busco tu bien y al mismo tiempo deseo el bien que tienen para hacerlo mío; que tú me has amado antes y yo te correspondo.

¿Me habré engañado en esta vida descalza? ¿Tendrán razón los padres de la observancia en todo lo que dicen y me recomiendan...? Si al padre Rubeo le entusiasmaba al principio la Reforma entre los frailes más regalados... ¿por qué ahora se convierte en enemigo?

Han pasado ya seis meses en este encierro, en esta cárcel que me oprime, harto de angustia; que ahora también se ceba en mí la duda.

Es la primavera y algunos gorriones alborotan y celebran el milagro repetido de la naturaleza. Me han cambiado el carcelero y es el padre fray Juan de Santa María, joven él y bondadoso, que viene de Valladolid, quien releva al otro carcelero. Es menos riguroso, procurándome algún alivio. Tiene tan buenos sentimientos y mejor corazón, que siempre que le es posible evita las bajadas al refectorio para recibir disciplina. El primer día que lo advierto, le digo: «¿Por qué me ha privado, padre, de mi merecimiento?» No me responde y sólo me dedica una mirada con tanta dulzura y compasión que me estremece. A los pocos días me trae una túnica limpia para que la cambie por la que se me va cayendo a jirones. Cuando está solo conmigo y se percata de que no hay fraile curioso que pueda sorprendernos, me habla, me acompaña y me consuela. Al parecerle bien mi paciencia y modestia porque no me quejo de nadie y adquiero algo de confianza, un día me atrevo a pedirle que me hiciese la caridad de un poco de papel y tinta, porque quiero hacer algunas cosas de devoción para entretenerme. Y me las trae al punto, y aprovechando las horas de luz del mediodía, escribo versos que voy componiendo en lo más profundo de la mente.

Presérveme Dios de la tentación de no dar el conveniente tratamiento a las exposiciones que me empujan a escribir estos versos, porque las miras que pongo en ellos están altas, por encima de toda bajeza; que sólo deseo las cosas celestiales y sólo confío en el Amado como único objeto noble de mis versos. Y poco a poco consigo versificar las emociones de apasionado amor, mis anhelos espirituales, expresando los anhelos de mi corazón enamorado, el oculto sentido y motivo de mis versos:

>   ¿Adónde te escondiste,
>   Amado, y me dejaste con gemido?
>   ....
>   Pastores los que fuerdes
>   allá, por las majadas, al otero,
>   si por ventura vierdes
>   aquel que yo más quiero,
>   decidle que adolezco, peno y muero...

4

Por un agujero bien pequeño me entra un rayo de luz y sol con el que me consuelo y puedo escribir. No me acostumbro a la continua oscuridad. Mis deseos, mis ansias, mi alegría de tenerte, Señor, hacen que me sienta poderoso y me dan fuerza. Hasta deseo el calor de tu cuerpo con el mío, sin importarme otras presencias de otras criaturas.

En esta oscura noche, larga y prolongada, elevo mi espíritu hacia tus muchos atributos, que se muestran en la hermosura y en tu poder a través de lo creado por ti, que son tu huella.

Está mi alma prendada de ti, reflejado en los montes, en los valles, en los prados, en los riachuelos de aguas transparentes y claras como tú, mi Señor y gozo mío; que sacias mi sed y purificas mi corazón y mis deseos. Mi pasión hacia ti se ha desbocado, y absorto me engolfas en la contemplación que me permite estar contigo y disfrutarte, Amado mío; que yo no siento a nadie ni hay criatura que me conmueva, ni oigo los insultos, ni hablo de este amor que me regalas, ni pienso, ni me importa otra cosa que agradarte, ni deseo otros logros que mi entrega enamorada, sin imaginar a otros seres que a ti, Señor; que tuyo ya es mi afecto, que me llenas por entero y nunca me sacia jamás la pasión de poseerte mi alma, que ya ni la razón le pertenece; que cuanto más te siento más necesito verte en toda la hermosura que has creado, y aquí, desde mi encierro, estos muros y candados impiden contemplarte en la llanura donde eclipsas el sol con tu presencia.

Sobre la tabla que me sirve de lecho escribo estas canciones:

> En una noche oscura,
> con ansias, en amores inflamada,
> ¡oh dichosa ventura!,
> salí sin ser notada,
> estando ya mi casa sosegada...

No deseo el dolor si con él no me acerco con presura hasta el Amado. Mas, ¿qué me digo, Señor, si mi voluntad es limitada si tú prefieres alejarte de mi lado? Y es que tus caminos no son nuestros caminos, como dice el profeta Isaías, y no me siento redentor para salvar a otros hombres con mis desgracias y privaciones, sino tú, mi Señor, si te complace.

¡Cuánto daría por conocer tu providencia y lo que tienes para mí bien preparado! Mas si con tu silencio me acercas más a tu camino, no me hables ni escuches a este fraile medio muerto; que de tanto poner su alma a tu albedrío, se ha quedado tan vacío y sin prenda mejor, y no puede ofrecerte más que su miseria y su deseo de confiar sus dudas a tu juicio misericordioso; que, ignorante mi anhelo, no sé ni lo que digo ni lo que hago ni lo que pienso, que el ayuno y la abstinencia me hacen sentirme tan solo y abandonado como tantos hermanos que padecen y sufren de lo más necesario para vivir y serte útiles.

Mientras, el nuncio Felipe Sega acaba de publicar con fecha 23 de julio de este mismo año de 1578 un breve en el que revoca las disposiciones del anterior nuncio Ormaneto, encargando a los Calzados el gobierno de los Descalzos. Todo esto sucede sin que el Consejo Real sea enterado; así que el rey da órdenes oportunas a todas las autoridades para que sea retirado el documento de monseñor Sega.

El padre Tostado ha determinado deshacer todas las casas, porque se había proveído en capítulo general que solas dos dejasen para todos, y no se pudiesen tomár más frailes, y se vistiesen como estos otros. Los Calzados continúan obrando como si estuviese vigente el breve del nuncio.

Con el verano llega el calor, y me voy consumiendo y me siento desfallecer. Mi carcelero, el único que de mí se preocupa, hace todo lo que puede para aliviarme; hasta me trae las sobras del refectorio para así alimentarme, que estoy a punto de morirme.

El visitador ha quitado la autoridad al padre Jerónimo Gracián y por todos los medios el padre Tostado hace lo imposible por destruir a los Descalzos. Todo esto y otros asuntos que a mí puedan herirme lo comentan los frailes a mi puerta, y dando voces para que me entere y desanime. En los trabajos de mi prisión no he sentido cosa tanto como oírlos decir que la Reforma se deshace.

No hacen caso a mis dolencias y tampoco les veo el más remoto propósito de soltarme. Sin fuerzas y sin ánimos, ruego a Dios que me escuche, que dé claridad a mi entendimiento para que acepte la justicia de los hombres como buena señal de su deseo, y no sea la justicia de mis hermanos en religión la máscara siniestra del bufón que actúa y representa lo que agrada a su amo y se deja arrastrar por la fuerza de los que le obligan a mentir por beneficio si juzgan mi comportamiento.

Transcurren los días y las noches en silencio; en tu silencio, Señor, al que me obligas sin yo quererlo, muriéndome de pena... ¿Qué hice de mi vida y de mi tiempo sino amarte y entregarte mis ansias sin demora en los treinta y seis años desde mi nacimiento? Enigmático silencio el tuyo, el de los cristianos, que me compromete a dudar de mis hechos, de este celo que provoca las iras de mis otros hermanos carmelitas, de mis principios y de esta razón que arrastra y me ilumina hacia ti, que ignora lo que hacer para agradarte y ser de tu cuidado favorecido y regalado.

Y escribo y escribo poemas en liras y romances... Mas... ¿qué me importa sufrir tanto abandono, si el descuido de amor fortalece mi alma con la tentación en lo que más duele a mi espíritu triste y desolado?

Mi agobio se prolonga, casi no entiendo el lenguaje con que hablas, no aguanto más combates ni luchas, ni congojas; que tú sabes mejor lo que necesito de pruebas y abstinencias. No me des consuelo todavía; que pueda desearte más con tu ausencia, y luego, cuando quieras disfrutarme con tu gracia en la dichosa ventura del Amado, estaré aquí mismo, despierto y vigilante, con los ojos abiertos a tu encuentro, y nacerá en las piedras de esta cárcel la dulce siempreviva de los valles con el suave rumor de los veneros.

Perdóname tanto delirio, que no ceso de hablar y hablar... Estoy confuso porque niegas ayuda en estas horas oscuras de la noche en que mi alma transita moribunda, desesperada y sin consuelo.

Sí, Amado mío, esto es amor, es mi castigo y premio al corazón que te llama y te suplica pero que aguarda tu ánimo con paciencia.

Quitámelo todo, hasta la vida, si de esta manera soy más digno de tu afecto; pero nunca podrás quitarme el disfrute de la espera a que vengas a mi lado, enfebrecido o loco o como quieras.

Es en este período cuando escribo la mayor parte de *Canciones de la Esposa*[1], algunos romances, y otras canciones.

De seguir en este deplorable encierro, con fiebres y sin cuidados, temeroso de posibles conjuras, me doy ya por muerto. No gozo para nada de los favores de mis superiores, sino de castigos violentos, humillaciones y hasta burlas de los mismos frailes, que en esas mis desventuras imito a Nuestro Señor y Él me conforta y favorece de continuo con visiones extraordinarias de su indiscutible grandeza. Sométome a su juicio cuestiones difíciles de comprender y viéneme la idea de la fuga como única solución a este inútil y riguroso encierro. Encomiendo esta idea a Nuestro Señor por algunos días y siento en mi alma un impulso grande para que prepare mi fuga. ¿Por qué parte del convento podré hacerlo? No salgo de mi cárcel, y cuando lo hago es por la noche, cuando me llevan al refectorio a recibir la disciplina.

Valiéndome de la buena voluntad del carcerlero, me ofrezco a vaciar yo mismo el servicio fuera de la celda y así beneficiarle en tarea tan poco agradable. Con mucha precaución me consiente hacerlo. Déjame la puerta abierta mientras los frailes duermen la siesta, por parecerle esta hora más cómoda para que no me vea ningún fraile.

Viendo el carcelero mi gran paciencia, compadecido algunas veces, en acabando de comer me abre la puerta de la cárcel para que salga a tomar el aire en una sala en lo alto, que está delante de la puerta de la celdilla, y me deja allí, cerrando la sala por fuera. Son casi nueve meses los que me tienen preso y de sobra conoce mi comportamiento pacífico y sin dar ni proporcionar problema alguno. Esto lo hace sólo cuando los religiosos se recogen al mediodía. Hace calor y no puedo aguantarlo dentro de la estrecha y agobiante cárcel. Yo aprovecho mientras hago la faena convenida para irme situando y conociendo

---

[1] Que posteriormente titulamos «Cántico espiritual».

el corredor, las ventanas que dan a un patio del convento junto al río... Después vuelvo y me encierra.

Un día se me ocurre decirle al carcelero que, pues me había dado túnica limpia, me trajese recaudo para remendarme.

Viéndome con tijeras, aguja e hilo, es más fácil aflojar los tornillos que sujetan el candado y así poderlo quitar de un empujón desde dentro cuando sea preciso. Esto lo hago mientras el carcelero come, y procuro entrar y sacar los tornillos por los agujeros a fin de aflojarlos.

Otro día ato el hilo de coser a una piedrecita y lo echo por una de las ventanas hasta el suelo. Así conozco la altura que hay desde la ventana hasta el suelo. Al volver a la cárcel mido con el hilo de punta a punta las dos mantas viejas y veo que todavía me falta el largo de mi cuerpo con los brazos tendidos aun haciéndolas tiras.

Llamo al carcelero y le ruego que acepte el crucifijo que llevo colgado bajo la túnica en prueba de los muchos favores que me ha prodigado y en agradecimiento.

A mediados de agosto, el día 14, estoy haciendo la oración de rodillas con la frente en el suelo, de espaldas a la puerta de la cárcel, cuando el padre prior, fray Maldonado, abre la puerta y entra. Yo permanezco inmóvil. Estoy muy débil y me cuesta incorporarme.

—¿Por qué no os levantáis viniendo yo a veros? —me dice el prior, dándome con el pie.

Con gran esfuerzo me incorporo.

—Pensaba que era el carcelero —le respondo.

—Pues ¿en qué pensabais ahora? —me pregunta.

—En que mañana es día de Nuestra Señora y gustara mucho decir misa —le contesto.

—No en mis días.

Sale violentamente y cierra la puerta. Me ha dejado muy afligido. Estoy roto, maltratado y con la descomodidad del lugar en que estoy flaco y sin fuerzas; no me quejo ni culpo a nadie, ni debo llorar mi suerte que lo hacen por entender que aciertan.

Hace poco que el carcelero, para aliviar tanta oscuridad de mi cárcel, ha traído un candil. Todo lo tengo preparado: las mantas hechas tiras y anudadas y el garfio de hierro para colgar el candil que ahora me servirá a mí para colgarme de la ventana.

Al traerme la cena, el carcelero se olvida del agua y mientras va a por ella a toda prisa aflojo las armellas que enroscan los tornillos que sujetan el candado. Cuando termino la colación, el carcelero cierra la puerta sin advertir nada extraño y se marcha. El calor de las noches toledanas se hace notar en este mes de agosto que agota y debilita.

5

Dos padres graves que han venido acompañando al provincial se han aposentado en la sala. Duermen junto a la puerta de la misma y la tienen abierta para alivio del mucho calor. Han llegado cerca de medianoche y hablan porque les cuesta coger el sueño. Tras la puerte de mi cárcel aguardo que se duerman. Cuando pienso que están dormidos doy un fuerte empujón a la puerta y ceden los tornillos del candado y caen al suelo con cierto ruido que despierta a uno de los frailes, que dice: «Deo gratias, ¿quién es?»

Permanezco sin moverme hasta que presiento que están completamente dormidos y suplícole a Dios que si es su voluntad, que aquí acabe mi vida, que yo abrazaré este cáliz de buena gana, y que, si de otra cosa se quiere servir, que me lo muestre.

Recojo las tiras anudadas y el garabato del candil y con mucho sigilo y cuidado salgo de la cárcel; paso entre las camas de los frailes, voy al corredor y me dirijo a la ventana que da al Tajo, con su baranda de ladrillo y barro que me llega hasta la cintura, con un madero encima, de pasamano.

Me tiemblan las piernas y todo el cuerpo. Meto el garabato del candil entre el madero y los ladrillos atándole la punta de las tiras de las mantas, que las dejo colgar hacia el suelo. Me quito el hábito, en el que llevo un pequeño cuaderno de versos; lo echo abajo y, asiéndome con las manos y con entrambas rodillas, me descuelgo por las tiras anudadas hasta llegar al suelo tras un pequeño salto. Tengo tan pocas carnes y peso tan poco que las tiras de las mantas viejas no padecen detrimento alguno.

He caído en un extremo de la muralla donde se estrecha y no tiene almenas. Está llena de piedras de una obra que se hace en el convento. Si llego a caer dos pies más afuera me hubiese despeñado hacia el río. Me visto el hábito que he arrojado y, después que doy unos pasos por lo alto del muro, me doy cuenta de que estoy en un corral sin salida rodeado por altos muros, uno el del convento del Carmen y, de frente, el del monasterio de la Concepción. Precisamente me encuentro en el corral de las monjas. ¿Qué hago si no puedo salir? Cuando amanezca, los Calzados volverán a encerrarme y me harán todo el daño posible en represalia. Si pudiera volver a la cárcel o dar voces a los frailes arrepentido de mi acción para que se compadezcan de mí...

Comienzo a recorrer el corral y miro si hay alguna parte por donde salir a la calle y hallo las paredes tan altas y con una puerta cerrada.

Advierto que en un rincón hay unos agujeros en la pared (posiblemente los que se hacen para acoplar las vigas de los andamios) y subo ayudándome en la otra pared que hace ángulo, con mucho trabajo, sacando las pocas fuerzas que me quedan. Llego a lo alto de la tapia arrastrándome por ella hasta dar con un derrumbadero de la muralla y por él me dejo descolgar. Como es ya pasada mucha parte de la noche, no aparece gente, y puedo echarme a la calle sin que nadie me vea. Y sin hacerme daño ninguno, me hallo en el suelo y a la boca de una calle.

Con el firme deseo de alejarme cuanto antes de este lugar, camino a paso rápido, en cuanto me es posible, y no sé por dónde voy ya que desconozco Toledo. A los pocos pasos veo luz y algunos hombres que salen de un bodegón, diciéndome a voces: «Padre, véngase acá, porque aquí se podrá estar hasta mañana; que, como es tarde, no le abrirán.» Yo les respondo que se lo agradezco mucho y que Nuestro Señor se lo pague; que quiero pasar adelante. Y sigo huyendo, ocultándome entre sombras de la noche.

Al pasar la plaza de Zocodover, algunas verduleras que guardan sus puestos y duermen allí mismo, al verme tan deshecho, con el hábito desgarrado y con aspecto tan miserable, se meten conmigo y hasta me injurian con palabras soeces hasta que me pierden de vista.

En una de las calles que atravieso encuentro una puerta abierta. En el zaguán hay un caballero que lleva una espada en la mano y un criado que sostiene un hacha de luz. Me llego al caballero y le dijo: «Suplico a vuestra merced se sirva de hacerme caridad que esta noche me quede en este zaguán, en este poyo, porque en mi convento no me abrirán por ser tarde; que luego por la mañana me iré.» Responde el caballero que esté en hora buena. Aunque no me da ropa alguna, cierran la puerta de la calle y otra que hay al subir la escalera, y quedóme allí. El caballero se retira. Cuando empieza a clarear el día, golpeo la puerta de la escalera. Un criado me abre. Son las ocho de la mañana y salgo en busca del convento de las Descalzas. A los primeros que me encuentro les pregunto y me encaminan.

La puerta exterior del monasterio de San José está cerrada. Llamo y me abre la mujer encargada de la portería de las monjas. Llamo después al torno y me contesta la tornera, que es Leonor de Jesús, preguntándome quién es. «Hija, fray Juan de la Cruz soy, que me he salido esta noche de la cárcel. Dígaselo a la madre priora.» La

S. Iohanni a Cruce nonnulli vitio vertentes in Carmelo instaurando contumaciam, eum in perangustum cæcumque carcerem detrudunt.

S. Iohannes a Cruce, Deiparæ repetito jussu, per fenestram e custodia se demittit, et fulgentis nubeculæ ductu ex alterius Claustri, in quod descenderat, septis non sine miraculo egreditur.

Encarcelamiento de San Juan y momento en que se descuelga por la ventana y abandona su prisión. Grabados de Franciscus Zucchi. *(Fotos Archivo Espasa-Calpe)* madre Ana de los Ángeles es la priora y corre al torno. Le digo que me favorezcan aprisa, porque entiendo vendrán de un momento a otro en mi seguimiento.

Una monja, Ana de la Madre de Dios está enferma y ha pedido confesor. La priora piensa que yo puedo entrar y confesarla. Llama a dos monjas que son las que deben abrir la puerta de clausura con la priora y también en la presencia de una novicia, sor Francisca de San Eliseo. Entro y cierran tras de mí la puerta de tres llaves.

Es normal que las monjas se asusten al verme tan demacrado, con la barba crecida, el hábito roto y sucio... No puedo tenerme en pie y me faltan las fuerzas para hablar. Insisto a la priora que temo que los Calzados estarán buscándome y llegarán aquí muy pronto. La madre priora cambia a la tornera, que es joven y sin experiencia, por otra más experta, Isabel de San Jerónimo, para que guarde el secreto de mi llegada.

Apenas entro en el convento cuando me vienen a buscar los padres Calzados. La campana del torno suena con cierta insistencia. Isabel de San Jerónimo atiende la llamada. Son dos frailes del Carmen preguntando con moderación por un padre de la orden que se llama fray Juan de la Cruz. La nueva tornera contesta desviando la pregunta: «Por maravilla verán a ningún religioso.»

Los frailes piden las llaves de la iglesia y locutorio. Registran meticulosamente y se marchan sin hacer comentario alguno. Frailes del Carmen ayudados de alguaciles rodean durante todo el día el convento de las Descalzas. Otros me buscan por los caminos que llegan hasta Ávila y Medina del Campo.

Me pesa el castigo que le habrán impuesto a mi carcelero, el padre fray Juan de Santa María, por haberse descuidado, dejándome escapar; pero estoy plenamente convencido de que se habrá alegrado de mi fuga, lo mismo que otros más.

La madre priora me va contando las muchas diligencias que la madre Teresa de Jesús ha hecho para liberarme de la cárcel; que le escribió cuando le habían llegado rumores de que estaba encerrado en Toledo y que le pidió que procurase averiguarlo. Ni el confesor de las Descalzas del monasterio de San José, fraile del Carmen, que por más que hizo y luchó para sonsacarle algo no lo consiguió, lo mismo que a otro fraile que suele venir a pedir limosna, tampoco soltó prenda aunque por su mucha insistencia y tenacidad en negarle toda información, sospechó de que sí podría encontrarme en el convento del Carmen.

Estoy fatigado, sin apenas fuerzas, y me he sentado, rodeándome las monjas que me atienden con toda clase de atenciones mientras les voy contando mi estancia en la cárcel y las vicisitudes acaecidas en mi fuga. Permanezco en clausura hasta mediodía. Por mi estado de gran debilidad no puedo ingerir alimentos fuertes, debido a mi costumbre de comer sólo pan y sardinas, y la hermana enfermera me regala con unas peras asadas con canela. Entre tanto me curiosean el hábito, me visto con una sotanilla vieja que tienen del capellán del convento y respondo a tantas cuantas preguntas me hacen.

Una vez acabadas las misas y cerrada la puerta de la iglesia, sácame la prelada por la puerta que suelen barrer la iglesia. Aquí permanezco toda la tarde junto a las rejas del coro, recitando a las monjas, que están dentro, algunos poemas que he escrito en la cárcel. Mi voz es débil, apagada, pero les hago sentir a las monjas todo el contenido de mis versos sobre la Santísima Trinidad.

> En el principio moraba
> el Verbo, y en Dios vivía,
> en quien su felicidad
> infinita poseía.
> ....
> En aquel amor inmenso
> que de los dos procedía,
> palabras de gran regalo
> el Padre al Hijo decía
> de tan profundo deleite,
> que nadie las entendía;
> sólo el Hijo lo gozaba,
> que es a quien pertenecía.
> ....

A la vez que recito de memoria, una monja los va copiando. Llegado el anochecer, la madre priora avisa en secreto a don Pedro González de Mendoza, canónigo de la catedral, administrador del Hospital de Santa Cruz y bienhechor de las Descalzas, presentándose de inmediato en el convento.

Una vez enterado de todo, se ofrece a encargarse de mi situación y llevarme consigo. Para que no sea reconocido me pongo la sotanilla sobre el hábito y me hace subir a su carroza con dirección al Hospital de Santa Cruz.

Es de noche y de nuevo aprovecho la oscuridad para ocultarme de los Calzados, que no cejan en su empeño de capturarme.

Y estoy en la casa del administrador del Hospital de Santa Cruz con grande secreto y hasta tanto que me siento más recuperado para poderme poner en camino...

6

Todas las naciones cambian, y España ni se adapta ni permite renovación. El triunfo del «cristiano viejo» significa cierto desprecio del espíritu de progreso y beneficio público, y desde Castilla hasta Levante y Andalucía se prescinde del trabajo y producción de los judíos y moriscos, ya que se les ha expulsado y han dejado un vacío en la economía que perjudica a los gobernantes y al pueblo.

Castilla, más desprotegida que los antiguos reinos, es aplastada por los impuestos y consumida por la corrupción de la influencia de los funcionarios públicos en la gobernación del Estado y por la Iglesia.

El pueblo está fatigado de mantener con su abnegación y penuria el prestigio de los soberanos, que sí tiene precio. Es cierto que el descubrimiento del Nuevo Mundo nos pudo haber situado en primer lugar, pero no ocupamos ese puesto y dicho atraso se debe al carácter religioso heredado de la Edad Media, demasiado acentuado en esta época con Felipe II, que lleva con exceso el deseo de asegurarse esta autoridad absoluta tomando a la Iglesia como plataforma y defensa, pero ¿de cuál Iglesia?

El puesto dominante que la misma ocupa en la sociedad no favorece precisamente a la producción y al progreso de riquezas y bienestar.

Hay quienes se quejan, con justicia, de la multiplicación del número de clérigos, de instituciones de caridad, que sólo entorpecen el desarrollo económico de nuestro pueblo con gentes improductivas.

Las confiscaciones de la Inquisición y las donaciones a las comunidades religiosas crean la inmovilidad y el asentamiento de los bienes, que no sólo no producen, sino que impiden su negociación y su comercio. Y no es a mí a quien corresponde hacer estos comentarios, que soy fraile; y también pienso, acosado por la misma Iglesia, que con la Madre y un grupo de religiosos queremos, con la ayuda de Dios Nuestro Señor, sanear y defender a la auténtica, a la verdadera Iglesia, la que está de parte del pueblo y no lo utiliza, al que han arruinado por el vano empeño de continuar la hegemonía en el orden espiritual, como si Dios no supiera manifestarse a sus criaturas acostumbradas a esa mezcla de religiones, usos y razas, mientras sufren la obsesión del poder por la unidad tanto política como religiosa.

Por estos motivos no es fácil realizar nuestra Reforma, que debe prescindir de costumbres relajadas, egoístas, y otros muchos intereses que la Iglesia no está dispuesta a prescindir. Y por ello nos persigue.

El padre Tostado, de una forma aún más violenta, ataca a los Descalzos, que los desorienta y sobresalta, debilitando sus rígidas prácticas de observancia primitivas. Así que para el 9 de octubre los Descalzos convocan capítulo en Almodóvar del Campo, en el que deciden cesar al padre Gracián, que no está considerado ni como superior provincial ni como visitador, a pesar de las dudas que hay sobre si es legítimo o no convocar dicho capítulo.

El nuncio Felipe Sega, con fecha 23 de julio, le ha cesado en sus funciones. La madre Teresa está recluida en su convento de San José en Ávila, y le llegan noticias de mi fuga y del estado físico tan lamentable en el que me hallo. Así le escribe al padre Gracián en septiembre de 1578:

> «Harta pena me ha dado la vida que ha pasado fray Juan y que le dejase, estando tan malo, ir luego por ahí. Plega a Dios que no se nos muera. Procure vuestra paternidad que lo regalen en Almodóvar, y no pase de allí por hacerme a mí merced y no se descuide en avisarlo; mire no se olvide. Yo le digo que quedan pocos a vuestra paternidad como él si se muere.»

¡Cuánto aumenta la madre mis buenas disposiciones y cuánta fe tiene puesta en mi persona, que en todo la he de satisfacer!

No es la primera vez que le escribe al padre Gracián intercediendo por mí. Encontrándome en la cárcel, la Madre escribe al mismo padre en varias ocasiones y en una de ellas le insiste para que se valga del padre Mariano para llegar hasta el rey:

> «El padre Mariano, pues habla con él, se lo podía dar a entender y suplicárselo, y traerle a la memoria lo que ha que está preso. En fin, el rey a todos oye; no sé por qué ha de dejar de decírselo y pedírselo el padre Mariano en especial. Si alguna persona grave hablase con el nuncio de lo que es fray Juan y cuán injusticia le tienen... luego le mandaría ir a su casa. A la princesa de Éboli que le dijese Mariano, lo haría.»

Lo firma el 19 de agosto de 1578 cuando estaba preparando mi fuga.

Al mes de prenderme también escribió al arzobispo de Évora, don Teutonio de Braganza, y a tantos otros, a fin de liberarme de la cárcel. Muy agradecido estoy y haría por ella todo lo que yo la pueda favorecer.

Asistimos al capítulo de Almodóvar el padre Antonio de Jesús, fray Pedro de los Ángeles, prior del Calvario; Gregorio Naciancemo, Gabriel de la Asunción, Ambrosio de San Pedro, Francisco de la Concepción, prior de La Peñuela, y este fraile enfermizo, al que tienen que acompañar los criados de don Pedro González de Mendoza, ya que ha sido poco tiempo el que he pasado en su casa oculto y atendido y no me hallo repuesto todavía.

En Almodóvar han nombrado mi enfermero a fray Pedro de Jesús, que me trata y cuida como a un padre. Asisto a las reuniones capitulares e intervengo en ellas. Las preside fray Antonio de Jesús, que justifica la convocatoria después que había consultado la legitimidad de la misma. Hay Descalzos que opinan lo contrario y temen por la Reforma.

Se toman tres disposiciones: elección de provincial, nombramiento de un procurador para que marche a Roma a pedir la separación de los Descalzos en provincia aparte y mi nombramiento de prior del convento del Calvario, en sustitución del padre fray Pedro de los Ángeles, para ocultarme a los Calzados.

El 15 de octubre de este mismo año, la Madre conoce la determinación del capítulo de enviar a Roma a dos de nuestros representantes para negociar la separación, y, temiendo por la suerte de los enviados, escribe de nuevo al padre Gracián:

> «Todos estamos acá en que no vayan frailes a Roma, en especial si es muerto nuestro padre general, por estas causas: la una, porque no se hace cosa secreta, y antes de que salgan de por acá, quizá los cogerán los frailes (calzados), y es ponerlos a morir; la segunda, que se pierdan los recaudos y dineros; la tercera, que no están tan experimentados; la cuarta, que cuando lleguen allá, si falta nuestro padre general, los han de coger como fugitivos, que, en fin, andan por las calles y quedan sin remedio... Cuando acá, con todo el favor, no pudimos remediar a fray Juan, ¿qué será allá? A todos les parece mal enviar frailes. Si les parece a vuestra paternidad y al padre Mariano, envíen un mensajero a Almodóvar, que no concierten la ida de los frailes, y con brevedad me envíen recaudo.»

Los padres capitulares no escuchan la petición de la madre Teresa y según acuerdan en el capítulo, ejecutan sus determinaciones.

El capítulo había elegido en un principio para esta misión al padre Nicolás de Jesús María (Doria), pero se encuentra retenido en Madrid por el nuncio, y es al padre Pedro de los Ángeles en su lugar al que se le encomienda la misiva, y por compañero a fray Juan de Santiago, lego de mucha responsabilidad y discreción.

Cuando se despiden de nosotros, yo le digo al padre fray Pedro de los Ángeles: «Iréis a Italia descalzo y volveréis calzado.» Los capitulares me miran con asombro y con extrañeza por lo que he dicho a uno de nuestros padres tan entregado.

Cuando proponen el envío de los representantes de los Descalzos a Roma, yo pido que todos firmemos el acta de nombramiento. Y así se hace, pero algunos capitulares después no están muy conformes con haber firmado diciendo los dichos priores de Granada y La Peñuela que plugiera a Dios no hubieran firmado el papel para que fuesen a Roma... Les respondo: «Padres míos, Dios se lo hizo firmar, como a San Pedro el mandarle que echase la red en el mar, y así ha de ser ahora, que han de traer muy buenos recuerdos y se ha de hacer gran fruto con ellos.»

Por si los ánimos no están lo suficiente alterados, el padre prior de Mancera fray Juan de Jesús Roca, que viene de Madrid y el nuncio le ha ordenado vuelva a su convento, sabe de nuestra reunión capitular y de las intenciones hostiles del nuncio, nos reprende que hallamos hecho una reunión ilícita y que si llega a conocimiento del nuncio que tanto daño está ocasionándonos los resultados pueden ser adversos para la Reforma. Se decide que el nuevo provincial con algunos de los capitulares se traslade a Madrid y le informe al nuncio de las determinaciones acordadas a fin de someterlas a su autorización. El nuevo provincial ha sido elegido, el padre fray Antonio de Jesús.

Al prior de Mancera se le retiene durante un mes en Almodóvar para evitar cualquier imprudencia por su parte y dé personalmente el informe al nuncio con anterioridad a la audiencia con el padre provincial.

Entre tanto, la Madre está en Ávila, muy preocupada por las consecuencias que pueda tener este capítulo que se ha convocado fuera de la ley. El padre fray Antonio de Jesús ya le había comunicado que había necesidad de elegir un nuevo provincial, a lo que le aconsejó que no lo hiciésemos en la situación tan singular que nos encontramos.

El padre Antonio de Jesús, como provincial, acompañado por la mayoría de los capitulares, se traslada a Madrid para informar al nuncio de lo convenido en Almodóvar del Campo. El nuncio se enfurece sin dejarles terminar, respondiéndoles de mala manera y con ferocidad sin ningún disimulo, insultando a la madre Teresa de Jesús y a los Descalzos con mucha indignidad.

Las intenciones de mis hermanos Descalzos han colmado la paciencia del nuncio y es ahora cuando va a imponer su poder contra nosotros. Declara nulo todo lo que ha hecho el capítulo, bajo la acusación de haber atentado contra su autoridad como legado del Papa. Dispone que los Descalzos queden bajo total jurisdición de los Calzados y ordena la prisión de los principales instigadores de la Reforma. Al padre Antonio de Jesús y al padre Gabriel de la Asunción los encierra en el convento de San Bernardino de Madrid; al padre Mariano, en el de los Dominicos de Atocha, y al padre Gregorio Nacianceno le manda partir de inmediato para Sevilla, decretando sentencia de excomunión contra todos los que hemos intervenido en el capítulo de Almodóvar.

Por mi estado de salud tan precario y por la inseguridad en que me hallo tan próximo a los Calzados que nos persiguen y no acabarán hasta que no terminen con todos nosotros, marcho al convento del Calvario y sigo acompañado por los criados de don Pedro González de Mendoza, y en este viaje el padre Francisco de la Concepción, prior de La Peñuela, que nos dejará tal que pasamos por su convento.

Continuamos el camino hasta que llegamos a Beas del Segura, al convento de Descalzas que la madre fundó hace sólo tres años. Despido a lo criados del canónigo de Toledo, que tan servicialmente se han comportado, para que regresen a su ciudad, y yo me quedo un tiempo para reponerme y después continuar mi camino hacia el convento del Calvario, que está cerca.

A la madre Ana de Jesús, que me conoce de cuando era novicia en Ávila y pasó por Mancera camino de Salamanca en el otoño de 1570, siendo yo subprior, le impresiona mi estado físico lo mismo que a las monjas. Debo de estar muy mal, con la piel pegada a los huesos, sin nada de color y todavía tan desfallecido que no me salen las palabras por debilidad, cuando todos se compadecen de mí.

Iglesia de las Carmelitas Descalzas. Toledo. *(Foto Oronoz)*

La priora, movida por el deseo de hacerme la estancia más agradable, manda a dos monjas jóvenes, Lucía de San José y Francisca de la Madre de Dios (esta última recién profesa), que me canten un poco en el locutorio unas coplillas espirituales que empiezan así:

> Quien no sabe de penas,
> en este valle de dolores,
> no sabe cosas buenas
> ni ha gustado de amores,
> pues penas son el traje de amadores.

Y otras ocho estrofas más que ha compuesto el fraile carmelita Pedro de San Angelo, lego fervoroso de La Peñuela y del Calvario.

Estas monjas me han estremecido de tal manera que me sujeto a la reja y con la otra mano hago una señal para que se termine el canto. Estoy llorando y me he quedado inmóvil durante una hora sin poder pronunciar palabra alguna. Las monjas comprenden mi emoción, y cuando me quedo más sosegado les hablo de los muchos favores que Dios me hace conocer en el sacrificio y lo poco que sufro por Él. Lo cual causa en las religiosas de este convento mucho amor y gusto en el padecer. Se admiran de ver a un hombre tan acabado de las penas que he padecido y que sienta tanto no haber padecido aún más penas.

7

Los primeros días que paso en el convento de Beas apenas hablo con nadie, y las monjas hacen todo lo que saben para conseguir mi restablecimiento, que, aunque lento, ya noto mejoría.

Cuando voy al locutorio para conversar con las religiosas y hablamos de la madre Teresa, noto que a la priora no le parece bien la expresión que utilizo de que es «muy mi hija». Después lo comenta con sus monjas: «Muy bueno parece el padre fray Juan de la Cruz, mas muy mozo para llamar "mi hija" a nuestra madre Fundadora.» Y se lo escribe a la Madre, a la vez que se lamenta de no tener un director espiritual con quien ella y sus hijas puedan manifestar las cosas del alma.

Durante estos días confieso a las monjas, y la primera que lo hace es Magdalena del Espíritu Santo. Luego reanudo mi viaje hasta el Calvario, que se encuentra a unas dos leguas de camino, en una altura desde la que se contemplan los verdes pinares, el oloroso romero, y cercano el río Guadalquivir, que se desliza entre piedras a un cuarto de legua del convento, una alquería con oratorio propiedad de Corenzuela, clérigo de Villanueva del Arzobispo (Jaén). Lo habitan los Descalzos y, por el vía crucis en los alrededores del convento, se comenzó a llamar el Calvario. La fundación se hizo a primeros de diciembre de 1576, trasladándose aquí la de La Peñuela. El 21 de octubre de 1576 adquirió la alquería la priora de Beas, Ana de Jesús. Hay un huerto, sembrados, un viñedo, higueras, naranjos, ciruelos y cerezos, que cultivan los frailes. Cerca del convento mirando al mediodía hay una fuente rodeada de árboles. En el monte hay pinos, encinas, jaras, romero, tomillo y hasta caza. El paisaje se muestra generoso con tanta belleza, tanta luz y tanta dicha. Es el mes de noviembre de 1578.

La comunidad está formada por unos treinta religiosos que se ejercitan en la vida penitente y siguen la dura regla primitiva que nos hemos impuesto los Descalzos. Acostumbrados a la mucha escasez y a otras privaciones, no les muevo al ayuno ni a otros rigores de la vida monacal; que nada tienen en sus celdas sino zarzos de romero por cama y algunos días hasta se han quedado sin comer caliente, sólo pan y fruta o hierbas. Más adelante el lecho es una tarima de madera un poco levantada del suelo, con paja, sin cosa alguna para cubrirse, si no es el hábito que cada uno tiene consigo. La mayoría de la gente utiliza la paja para dormir más caliente en el invierno, y en el verano cubren el suelo de las habitaciones con plantas aromáticas. Estos religiosos utilizan tanto el cilicio y la penitencia que les procuro aminorar tales costumbres cambiándolas por un espíritu más confiado en la fe y en el amor de Dios Nuestro Señor.

Nos alimentamos de migas de pan y una escudilla de caldo hecho con hierbas que el hermano cocinero Alonso recoge del monte valiéndose del jumento, que lleva para distinguir las buenas de las venenosas. Sólo trae las que el jumento pace. Él dice que si al jumento no le perjudican, tampoco lo harán a los frailes de la comunidad. Los días festivos añade a la olla con hierbas unas cucharadas de garbanzos y un poco de aceite. Hay tanta escasez y pobreza, que más de un mes arreo comemos siempre de unas hierbas tan amargas, que, por serlo tanto, se llaman comúnmente jamargos, y para quitarles el amargor, a medio cocer les echan en una tabla y las exprimen, y después de exprimirlas las vuelven a echar a la olla. Tres celemines de garbanzos se tienen por cuenta que han de durar un año a una comunidad de unos treinta frailes. Y así vienen a ser tan pocos los garbanzos que caben a cada uno las veces que se echan, que el que halla dos garbanzos en su escudilla le parece mucho.

No siempre tenemos pan. Es grande la necesidad y pobreza. Encontrándonos un día sin sustento, ni haber cosa ninguna en la casa para comer, trato de hacerles comprender que nuestra pobreza es lo que hemos venido a buscar en el convento para imitar a Cristo. Termino de hablar y todos se levantan de las mesas del refectorio con alegría, retirándose sin tomar ni el triste caldo de hierbas.

Las penas, adversidades y tribulaciones que Dios nos envía o proporciona son pruebas y al mismo tiempo beneficios de su misericordia.

Pasan dos horas y el hermano portero Brocardo de San Pedro, me entrega una carta que acaba de traer un hombre que viene de Úbeda. Acabo de iniciar su lectura y se me saltan las lágrimas. Debe ser por mi estado de sensibilidad porque lloro por todo o casi todo lo que me produce emoción, o porque no me encuentro del todo recuperado. El hermano portero me pregunta si he recibido malas noticias. Yo le respondo: «Lloro, hermano, que nos tiene el Señor por tan ruines que no podemos llevar mucho tiempo la abstinencia de este día, pues ya nos envía la comida.» No pasa mucho rato, cuando se para a la puerta del convento un criado de doña Felipa, esposa de don Andrés Ortega Cabrio, con el envío de una fanega de pan, otra de harina, pescado, huevos y otras cosas sobre dos cabalgaduras. La donación ha sido hecha por la familia Ortega desconociendo la mucha necesidad que sufrimos los religiosos del Calvario. Al enterarse la comunidad del envío comenta que ha sido un milagro.

El hijo de don Andrés Ortega de Úbeda, Fernando, estudiante, quiere ser religioso de nuestra orden y me viene a ver con su ayo para pedirme el hábito. A fin de probar su vocación le ofrezco el hábito de lego. El joven consulta con su educador, y éste, no comprendiendo mis intenciones, le aconseja que, teniendo condiciones para dedicarse a mejores tareas, abandone. El joven se decide a entrar en el convento aunque sea de lego, que a Dios también se le sirve de esa forma. Al ver tanta humildad en su decisión le doy el hábito de corista. El 24 de junio de 1579 toma el hábito con el nombre de fray Fernando de la Madre de Dios, porque la Virgen Santísima se huelga mucho la llamen con este nombre.

Me agrada que mis religiosos hagan oración en contacto con la naturaleza y salgo con ellos al monte y les hablo de que el camino real de la perfección a que aspiramos es el mismo que el de la tribulación; que la tristeza espiritual, consecuencia del conocimiento de la propia imperfección, es mucho más meritoria que el regocijo y alegría por el disfrute de los favores divinos; que el amor propio se mata con la subordinación al maestro espiritual; que no se llega a Dios sin el deseo puro de hacer siempre lo mejor y de elegir entre varios caminos de conciencia el más estrecho y fatigoso; que el ejercicio de la presencia de Dios debe ser tan continuo que siempre esté despierta el alma porque Dios la está mirando; que la perfección está en las cosas sencillas, no en las extraordinarias; que hay que ir a la busca de Dios alejando de nuestro corazón todo lo que nos entorpezca y no sea Él.

Los ratos que quedan libres de los ejercicios espirituales se gastan en labrar la tierra para el majuelo o en segar el pan a su tiempo y en las demás labores del campo: así padres como hermanos legos donde los frailes tienen labranza. Yo soy el primero en los oficios más humildes, como fregar en la cocina los platos en unos lebrillos... Otras veces tallo en madera pequeñas imágenes de Cristo, porque nunca estoy ocioso.

Al convento vienen a visitarme y a estar con los religiosos Cristóbal de la Higuera, Juan de Cuéllar y Diego Navarro. Lleno los días con mis obligaciones como prior en el Calvario, confesando a las monjas de Beas y escribiendo algunas obras en verso y prosa.

La Madre ha escrito desde Ávila contestando a la priora de Beas:

> «En gracia me ha caído, hija, cuán sin razón se queja, pues tiene allá a mi padre fray Juan de la Cruz, que es un hombre celestial y divino; pues yo le digo a mi hija que, después que se fue allá, no he hallado en toda Castilla otro como él ni que tanto fervore en el camino del cielo. No creerá la soledad que me causa su falta. Miren que es un gran tesoro el que tienen allá en ese Santo, y todas las de esa casa traten y comuniquen con él sus almas, y verán qué aprovechadas están, y se hallarán muy adelante en todo lo que es espíritu y perfección, porque le ha dado Nuestro Señor para esto particular gracia.
>
> Certifícolas que estimara yo tener por acá a mi padre fray Juan de la Cruz, que de veras lo es de mi alma, y uno de los que más provecho le hacían al comunicarle. Háganlo ellas, mis hijas, con toda llaneza, que seguro la pueden tener como conmigo misma, y que le será de grande satisfacción, que es muy espiritual y de grandes experiencias y letras. Por acá le echan

mucho de menos las que estaban hechas a su doctrina. Den gracias a Dios, que ha ordenado que le tengan ahí tan cerca. Ya le escribo las acuda, y sé de su gran caridad que lo hará en cualquier necesidad que se ofrezca.»

Una vez que recibo la carta de la madre Teresa, bajo todos los sábados a pie al convento de las Descalzas, a Beas, y regreso los lunes. Mi trato es común a todos, de suerte que ningún religioso o religiosa jamás tiene queja de que muestre hacer más favor a uno que a otro, porque mi caridad e igualdad procuro sea toda una.

Un día pregunto a Francisca de la Madre de Dios: «¿En qué trae la oración?» La religiosa me responde: «En mirar la hermosura de Dios y holgarme de que la tenga.»

Es en este tiempo cuando acabo las cinco últimas estrofas del *Cántico espiritual:*

«Gocémonos, Amado,
y vámonos a ver en tu hermosura
al monte y al collado,
do mana el agua pura;
entremos más adentro en la espesura.
   Y luego a las subidas
cavernas de la piedra nos iremos,
que están bien escondidas,
y allá nos entraremos,
y el mosto de granadas gustaremos.
   Allí me mostrarías
aquello que mi alma pretendía,
y luego me darías
allí tú, vida mía,
aquello que me diste el otro día:
   El aspirar del aire,
el canto de la dulce filomena,
el soto y su donaire,
en la noche serena,
con llama que consume y no da pena.
   Que nadie lo miraba...
Aminadab tampoco parecía;
y el cerco sosegaba,
y la caballería
a vista de las aguas descendía.»

Hay monjas que copian algunas de la sentencias que les digo durante mis pláticas. Una de ellas, Catalina de Cristo, ha formado un libro, y Magdalena del Espíritu Santo, las máximas de la Subida al Monte Carmelo:

> «El que por puro amor obra por Dios, no solamente no se le da que lo sepan los hombres, pero ni lo hace porque lo sepa el mismo Dios, el cual, aunque nunca lo hubiese de saber, no cesaría de hacer los mismos servicios y con la misma alegría y amor.»

> «Traer un ordinario apetito de imitar a Jesucristo en todas sus obras, conformándose con su vida, la cual debe considerar para saber imitar y haberse en todas sus obras, conformándose con su vida, la cual debe considerar para saberla imitar y haberse en todas las cosas como él se hubiera. Para poder hacer esto es necesario que cualquier apetito o gusto, si no fuere puramente por honra y gloria de Dios, renunciarlo y quedarse en vacío por amor del que en esta vida no tuvo ni quiso más que hacer la voluntad de su Padre, la cual llamaba su comida manjar.»

> «Para mortificar las cuatro pasiones naturales, que son: gozo, tristeza, temor y esperanza, aprovecha lo siguiente: procurar siempre inclinarse no a lo más fácil, sino a lo más dificultoso; no a lo más sabroso, sino a lo más desabrido; no a lo más gustoso, sino a lo que no da gusto; no inclinarse a lo que es descanso, sino a lo más trabajoso; no a lo que es consuelo, sino a lo que no es consuelo; no a lo más, sino a lo menos; no a lo que es querer algo, sino a lo que es no querer nada; no andar buscando lo mejor de las cosas, sino lo peor y traer desnudez, y vacío, y pobreza por Jesucristo de cuanto hay en el mundo.»

También les doy sentencias escritas en billetes individuales, igual que lo hacía en el monasterio de la Encarnación, que muy buenos frutos me dieron para el bien de sus almas.

Uno de los días les hago un dibujo: es un monte, el Monte Carmelo, símbolo y guía de la doctrina de abnegación. Se lo reparto a todas las monjas. Otras veces les dejo mi cuadernillo de versos que contiene los romances y las coplas sobre *Cantar de la alma que se huelga de conocer a Dios por fe:*

> ¡Qué bien sé yo la fuente que mana y corre,
> aunque es de noche!
>
> Aquella eterna fonte está escondida,
> ¡qué bien sé yo do tiene su manida,
> aunque es de noche!
> ....

En el mismo cuadernillo incluyo dieciocho estrofas del *Cántico espiritual*. Magdalena del Espíritu Santo se encarga de hacer algunas copias. Le gusta la poesía y siente algo especial por mis versos. En una ocasión me pregunta si me daba Dios esas palabras que tanto comprenden y embellecen. «Hija —le respondo—, unas veces me las daba Dios y otras las buscaba yo.»

Tengo grande cuidado en huir de la ociosidad; y en teniendo algún rato desocupado escribo o pido la llave de la huerta.

Estando yo en Beas, durante una de mis visitas a las monjas, llegan los priores Descalzos, el de Granada y el de La Peñuela. Ambos han firmado las patentes de los padres que enviamos a Roma en el capítulo de Almodóvar. Los encuentros desconsolados por los acontecimientos negativos que afectan a la Reforma. El padre descalzo que enviaron, fray Pedro de Los Ángeles, ha hecho fracasar nuestro intento de separación de provincia aparte, mas ha vuelto acogiéndose a los Calzados y ahora han encargado al padre Juan de Jesús Roca y Diego de la Trinidad con la misma finalidad que el anterior. Éstos sí consiguen la separación de provincias tan deseada por la Madre y por todos los Descalzos.

Es lunes y vuelvo a mi convento del Calvario, continuando mis trabajos y dedicaciones en la comunidad. Apenas salgo, a no ser para remediar alguna necesidad urgente de algunos pueblos vecinos.

Un día me vienen a llamar de Iznatorafe, un pueblo pequeño sobre un montículo que dista tres leguas del Calvario, para que vaya a conjurar a un poseso. Me acompañan dos religiosos y los hombres que han venido a buscarme. Tras el exorcismo le obligo a salir al demonio y queda libre y en paz.

En el Calvario tengo escondido a Francisco Enríquez de Paz, que ha quemado un convento de monjas en Salamanca y que la justicia va tras él. Yo le admito a todos los actos de comunidad menos al capítulo conventual, procurando llevarle al arrepentimiento: que mucho sé que lo está, a pesar de sus tribulaciones y trabajos.

Claustro del Hospital de la Santa Cruz. Toledo. *(Foto Oronoz)*

Y como hombre que soy, tengo ya treinta y siete años, debo superar toda tentación de la carne; que no corresponde a un monje caer en ella, sino vencerla matando el apetito sensitivo para que aparezca el amor divino en el corazón del hombre contemplativo.

En una de mis salidas con fray Brocardo, me sale al encuentro una mujer avispada y desenvuelta, con ganas muy claras de conseguir el disfrute carnal, ofreciéndome posada con gestos provocadores y obscenos. A la vez que me deshago de ella, la reprendo: «A un demonio del infierno admitiría por compañero antes que ella.» Y continuamos el camino.

8

Es la primavera de 1579. A petición de los doctores de la universidad (Carlebal, Diego Pérez, Ojeda y el padre Núñez Marcelo), he llegado a Baeza en busca de casa para fundar un Colegio de Descalzos.

Ya tengo la licencia de la orden que me ha dado el visitador fray Ángel de Salazar, autorizándola el obispo de Jaén, don Francisco de Grado. Me está ayudando no poco la madre Ana de Jesús con sus cartas a personas poderosas, eclesiásticas y seglares.

Encuentro una casa, en la que vivía un tal licenciado Noscos, dentro de las murallas, no lejos de la universidad, que cuesta mil ochocientos ducados, de los que Diego del Moral me presta cuatrocientos. Esta casa me sirve para convertirla en el Colegio de los Descalzos. Una sala amplia será la capilla, y unas cuantas habitaciones pequeñas, para las celdas de los frailes.

La ciudad de Baeza se encuentra sobre una colina, a la derecha del Guadalquivir. Centro comercial en el corazón de la provincia de Jaén, con unos cincuenta mil habitantes. La mayoría vive de la industria de la seda, lana, armas blancas y tintes, cuyos tejidos de lana fina van a parar a los mercados de América. Con su universidad, sus diecinueve parroquias, sus murallas y torreones, sus casas árabes; también las hay con escudos de piedra señorial en sus fachadas y con la influencia todavía de bastantes moriscos que viven fuera de las murallas, siendo aprovechado su trabajo, usos y costumbres por los avivados comerciantes de la ciudad.

Regreso al Calvario y preparo lo más necesario para el nuevo colegio, ayudado por las monjas de Beas.

El 13 de junio de 1579 hemos cargado sobre una jumenta todo

el recado que podemos traer desde el Calvario para aderezar la iglesia del colegio, con mesa y los demás aderezos del altar para la fundación. Hacemos a pie las diez leguas de camino hasta Baeza.

Elijo tres religiosos del Calvario para la fundación: Jerónimo de San Andrés, Juan de Santa Ana y fray Pedro de San Hilarión, que no es todavía sacerdote.

Es de noche cuando llegamos a Baeza. En la sala grande preparamos el altar y colgamos de una ventana una campanilla. Al día siguiente, por la mañana, tocamos a misa, y los vecinos acuden para ver de qué se trata. Me sorprenden tirando un tabique en la capilla. Juana de Arjona, Agustín y otros vecinos me ayudan a limpiar y preparar la sala que hemos destinado a capilla. Al poco tiempo se inaugura la nueva fundación, en la fiesta de la Santísima Trinidad. Han venido para acompañarnos el prior de La Peñuela, fray Francisco de la Concepción, y el padre Juan de Jesús, a quien llaman «el Santo», y que se queda en nuestra comunidad, haciendo el concierto y escritura de la compra de la casa el padre fray Antonio de Jesús, superior de los Descalzos, y fray Francisco de la Concepción.

Podría contar muchas anécdotas con detalle y precisión que durante mi estancia como rector de este colegio me acontecieron, pero yo quiero dar a estos recuerdos más simplicidad, con el único fin de agilizar mi relato, por lo que me obligo a omitir bastantes sucesos; que ya se encargan otros de contarlos.

Nuestra vida en el colegio (que en un principio le llamamos de Nuestra Señora del Carmen y un año más tarde, en el primer capítulo general, se le da el título de San Basilio) es idéntica a la de otros conventos Descalzos, pero con las actividades propias que conlleva la universidad.

Con el tiempo hemos ensanchado el convento y llegan los novicios de La Peñuela y del Calvario. Nos hemos convertido en el primer Colegio de los Descalzos en Andalucía y, como en Salamanca y en Alcalá, organizo los estudios, asistiendo a la universidad, que se fundó en el año 1540 por Rodrigo López y Juan de Ávila, alguno de nuestros novicios más aventajados para el estudio.

Muchos hombres doctos y espirituales, como son el doctor Ojeda, maestro Sepúlveda, doctor Becerra, el doctor Carlebal, el padre Núñez Marcelo, que han sido discípulos del maestro Juan de Ávila, gastan conmigo muchas horas en muchos días.

También se mueven gran número de estudiantes estos primeros años, y en el colegio recibimos a muchos novicios. Yo, como rector de este colegio, organizo ejercicios académicos semejantes a los que ya participaba en la Universidad de Salamanca y Alcalá. Mas también limpio y atiendo las pequeñas cosas de la comunidad, dedicándome a cualquier ocupación que sea beneficiosa.

Organizo la ampliación del convento y para el adorno de la iglesia he llamado a Juan de Vera, pintor y escultor de Úbeda, que me hace algunas esculturas y pinturas para el convento, con el que paso muchos ratos mientras trabaja, y terminadas sus faenas, que tanto admiro, le invito a comer en el refectorio. Me agrada contemplar el proceso de su trabajo, del que yo me siento familiarizado desde mis años de aprendizaje en Medina del Campo. Por mi gran deseo de padecer el martirio por la fe, suelo hablar de él con entusiasmo durante las recreaciones, y en este convento de Baeza introduje los ensayos de martirio, ingenuo entretenimiento o como lo quieran llamar, en los que, simulando un tribunal, se juzga a los religiosos y se les condena a los tormentos por confesar la fe, reproduciendo los suplicios en cuanto es posible. A mí me gusta hacer el papel de mártir, e incito y hasta mando al que hace de verdugo me dé buenos golpes que atormenten de verdad. Hago el simulacro de armar a un caballero de Cristo, al que cada uno de los presentes da una virtud como arma para defenderse de sus enemigos en la conquista del reino de los cielos. La Madre, tras recibir una carta de la priora de Caravaca, Ana de San Alberto, dándole cuenta de «una religiosa que padecía un gran trabajo de su alma» llamada Inés de Jesús, para confiarme la tarea de sacarla de la cárcel a donde padece grandes desconsuelos y trátela con llaneza a través del espíritu del Señor, recorro las treinta leguas hasta Caravaca por Beas de Segura y el Calvario y una vez resuelto el caso de la monja regreso a Baeza. Es el otoño de 1579.

Este año de 1580 un catarro maligno como una peste azota a la mayor parte del reino, causando grandes estragos. Hasta la madre Teresa se ve afectada en Valladolid. Aquí en Baeza hay enfermos a cientos. Del Calvario han venido otros nueve enfermos. Disponemos de pocos medios, pero Dios proveerá y así lo hace.

Una triste desgracia me llega de Medina del Campo. Mi madre ha muerto víctima de este catarro universal. La madre Teresa mandó que en el convento de Descalzas de allí la sustentasen el tiempo que viviese, y así se ha hecho hasta su muerte. La han enterrado dentro de una caja de plomo y con un solemne funeral, como a una santa.

Hace años que no la he visto y la recuerdo a mi lado, sentada, con los ojos abiertos de par en par, atenta a mis cuidados, satisfe-

Baeza. *(Foto Paisajes Españoles)*

cha, llenándome de buenos consejos y palabras hermosas como sólo una madre puede hacerlo. Siento un vacío tan hondo con la noticia de su muerte, que ofrezco una vez más a Dios esta prueba de resignación tan amarga. Dios se la ha llevado para descansar, que fueron muchos y hartos los trabajos que padeció en nuestra crianza: la muerte de mi padre en Fontiveros, la de mi hermano Luis, las penalidades de mi encarcelamiento y las sobradas miserias que fueron siempre en nuestra compañía... A este fraile hacía muy dichoso saber que su madre vivía y le esperaba.

Desde mi llegada a Baeza han acaecido muchos sucesos que sería interminable su relato. Conviven endemoniadas, como Juana Calancha, ex monja de las Descalzas y beaterios. La preocupación por las cosas del alma se manifiesta entre intelectuales y entre gentes sencillas sin estudios.

Atiendo a las monjas de Beas, las visito y aprovecho mis estancias para disfrutar del entorno, acompañado por otros religiosos como fray Jerónimo de la Cruz, entre otros. Luego pasamos por el Calvario y, a mi vuelta a Baeza, escribo a las monjas, les mando sentencias... También me acerco al convento de los Descalzos de La Peñuela; en una ocasión, y al de Sabiote de religiosas en la provincia de Murcia.

A mi regreso a Baeza me hago cargo de la granja de Santa Ana, en el límite de Castellar de Santiesteban, a la orilla derecha del Guadalimar, casi a diez leguas al nordeste de Baeza, que al morir un clérigo de Castellar nos ha dejado en testamento.

Cultivando la tierra podremos obtener buenos frutos para abastecer al Colegio de Baeza. Envío a los padres, fray Juan de Jesús «el Santo» y a fray Juan de Santa Ana y dos legos.

Al encontrarse la granja camino de Beas, me detengo en ella con frecuencia durante algunos días para descansar de la mucha diligencia que me procuro. Aquí siento una paz quieta, sosegada, que alimenta mi alma y la repone de los sobrados esfuerzos, tan cerca de la tierra, de las cosas creadas, y voy llenando mis ojos de imágenes y sensaciones hermosas, que luego las doy a conocer a través de las palabras sonoras, sin engaño, como el agua de la fuente que salta generosa a nuestro lado y riega el huerto.

Con el padre Juan de Santa Ana, que hace de superior, salgo por los alrededores, y es tal mi entusiasmo que me pongo a cantar. Las noches en este lugar son tan solícitas, tan serenas, tan noches reposadas, que gran parte de ellas las paso sentado al contacto de la

Fachada de la antigua Universidad. Baeza. *(Foto Mas)*

hierba, con el superior, al que hablo de la belleza del firmamento y no me harto.

Una noche me dice el superior que es tarde y hay que descansar. Yo le comprendo y le respondo: «Vámonos enhorabuena, que yo sé que vuestra reverencia tiene buena gana de dormir.»

La madre Teresa, vieja ya y soportando las dolencias que le ha producido el catarro universal mal curado, recibe la noticia tan deseada de que el 22 de junio de 1580 Gregorio XIII ha firmado el tan esperado breve de separación de Calzados y Descalzos en provincia aparte. El documento pontificio dice: «Que el vicario no puede mudar nada de lo sentado por la Regla y Constituciones de los Descalzos y Descalzas. Que si algo hallare mudado por los provinciales mitigados, lo sustituyan a su primitivo rigor. En las visitas procure la paz, observancia y guarda del recogimiento. Haya cuidado en recibir novicios, porque no se extinga la Descalcez; vigilancia en que sean tales cual conviene... No se halle el visitador en las elecciones que se hacían en los conventos, para no torcerla... Los confesores de las monjas no sean Calzados...»

El proceso ha sido largo y ha causado roces entre Felipe II y su Consejo Real con el nuncio Felipe Sega, que siempre ha estado de parte de Tostado.

Hemos sufrido persecución, cárcel y hasta las calumnias más desvergonzadas por parte de los Calzados, como Baltasar de Jesús Nieto y fray Miguel de la Columna, que acusan al padre Gracián y a las monjas de relaciones deshonestas y otras injurias. El nuncio ha llegado a decir de la madre Teresa que es «fémina inquieta y andariega, desobediente y contumaz, que a título de devoción inventa malas doctrinas».

En favor de la Reforma ha intervenido el conde de Tendilla y tantos otros, pero el que más ha dado impulso y conseguido del Papa la autorización ha sido el rey.

En una comunicación al nuncio le dice: «Noticia tengo de la contradicción que los Carmelitas Calzados hacen de los Descalzos, la cual se puede tener por sospechosa siendo contra gente que profesa rigor y perfección. Favoreced la virtud, que me dicen que no ayudáis a los Descalzos.»

Recibo la noticia del breve pontificio el 5 de agosto de 1580, encontrándome en Baeza, y monjas, frailes y todos los que han estado por la Reforma festejan todas las demostraciones que la devoción pide y permite la modestia.

Felipe II se entera el 15 de este mes, cuando prepara en Badajoz

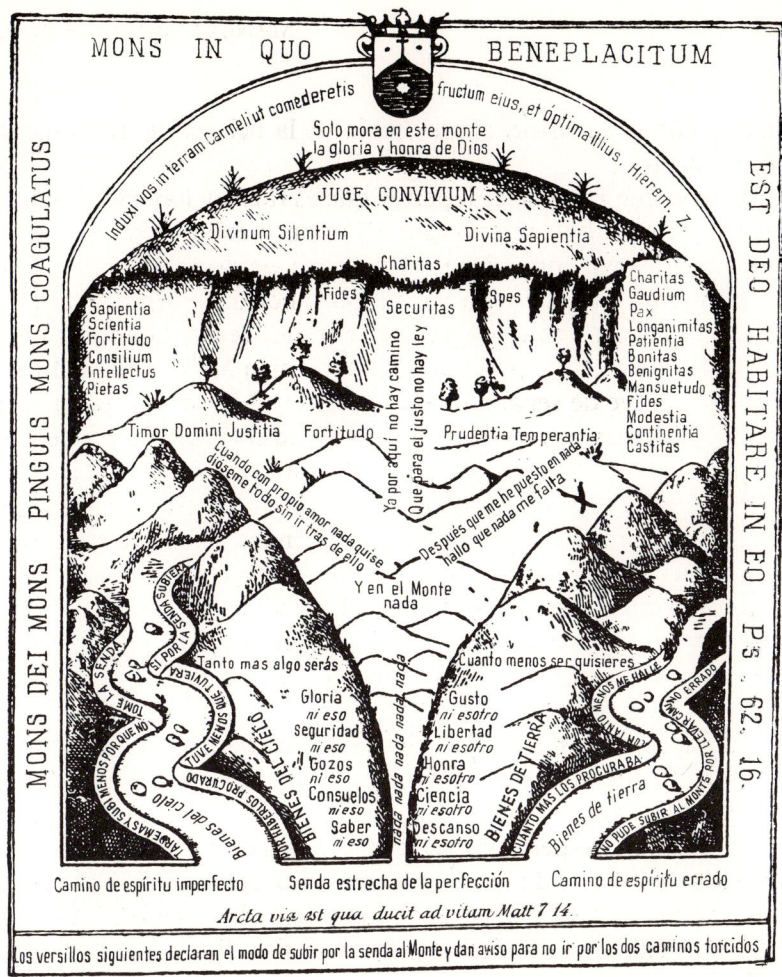

MODO PARA VENIR AL TODO

Para venir a lo que no sabes,
has de ir por donde no sabes.
Para venir a lo que no gustas,
has de ir por donde no gustas.
Para venir a lo que no posees,
has de ir por donde no posees.
Para venir a lo que no eres,
has de ir por donde no eres.

MODO DE TENER AL TODO

Para venir a saberlo todo,
no quieras saber algo en nada.
Para venir a gustarlo todo,
no quieras gustar algo en nada.
Para venir a poseerlo todo,
no quieras poseer algo en nada.
Para venir a serlo todo,
no quieras ser algo en nada.

MODO PARA NO IMPEDIR AL TODO

Cuando reparas en algo,
dejas de arrojarte al todo.
Porque para venir de todo al todo,
has de dejar del todo al todo.
Y cuando lo vengas todo a tener,
has de tenerlo sin nada querer.
Porque si quieres tener algo en todo,
no tienes puro en Dios tu tesoro.

INDICIO DE QUE SE TIENE TODO

En esta desnudez halla el
espíritu quietud y descanso,
porque como nada codicia, nada
le impele hacia arriba y nada
le oprime hacia abajo, que esta
en el centro de su humildad.
Que cuando algo codicia,
en eso mismo se fatiga.

Síntesis de la *Subida al Monte Carmelo. (Foto Archivo Espasa-Calpe)* su entrada como rey de Portugal. Con la subida al trono portugués, la península Ibérica conviértese en una unidad política y geográfica, sueño de tantos reyes.

Todavía transcurren seis meses antes de la ejecución del breve cuyo encargo ha hecho el Papa al arzobispo de Sevilla, don Cristóbal de Rojas Sandoval, que muere en Cigales, de la provincia de Valladolid, cuando se dispone a cumplir las órdenes de Roma. El rey solicita a Gregorio XIII que comisione al padre Pedro Fernández, dominico, que ha sido comisario apostólico del Carmen; pero al ir el padre Jerónimo Gracián, por mandato del rey, a entregarle su nombramiento como legado, está agonizando en su convento de Salamanca, y de nuevo el rey pide al Papa otro nombramiento. El día 4 de enero de 1581 llega el documento a manos de fray Juan de las Cuevas, dominico, prior de Talavera de la Reina.

Con fecha 1 de febrero el padre Jerónimo Gracián envía a todos los conventos reformados las citaciones para el capítulo provincial de solos Descalzos, a fin de celebrarse en Alcalá de Henares el 3 de marzo.

Asistimos hasta veinte capitulares. Un compañero viene con nosotros con voz y voto. Me acompaña el padre Inocencio de San Andrés, vicerrector del Colegio de Baeza. Además, asisten otros treinta religiosos que hay en nuestro Colegio de Alcalá.

Es un gran día para los Descalzos y para la ciudad de Alcalá, que vive con sumo interés nuestra asamblea. El Concejo, claustro de la universidad, el marqués de Mondéjar, don Luis Hurtado de Mendoza, que firma el acta, y su hermano don Enrique, el abad de la iglesia mayor, jueces, religiosos de otras órdenes, estudiantes, devotos y simpatizantes se unen a este acto singular.

El rey Felipe II costea todos los gastos de esta celebración, cerca de cien mil maravedís, y ordena sea con el máximo brillo y lucimiento.

El capítulo dura semana y media. Tras las correspondientes elecciones, me nombran tercer definidor y rector de Baeza. Desde ahora el Colegio de Alcalá se llama Colegio de San Cirilo.

Regresamos a Baeza y allí continúo mi labor como rector, confesor de las monjas de Beas, a las que no descuido, y redacto parte de la *Subida al Monte Carmelo,* para frailes como monjas, por habérmelo ellos pedido, a quien Dios hace merced de meter en la senda de este monte y para ayuda a la formación religiosa, avisos y sentencias. «Estos dichos serán de discreción para el caminar de luz para el camino y de amor en el caminar. Quédese, pues, lejos la retórica del mundo; quédense las parlerías y elocuencia seca de la humana

Carmelitas Descalzas. Caravaca (Murcia).
Convento y Hospedería. Dibujo de Hye Hoys (1866 - 1867)

Convento y Hospedería de las Carmelitas Descalzas de Caravaca.
Dibujo de Hye Hoys. *(Foto Archivo Espasa-Calpe)*

sabiduría, flaca e ingeniosa, de que nunca Tú gustas, y hablemos palabras al corazón bañadas en dulzura y amor, de que Tú bien gustas....»

Al igual que las *Cautelas,* pequeño tratado de perfección religiosa, voy glosando alguna de las estrofas del *Cántico espiritual,* respondiendo a preguntas de las religiosas de Beas que me hacen a la vez que escribo otras canciones.

A los pocos meses, a últimos de junio de este mismo año de 1581, viajo de nuevo a Caravaca, comisionado por el padre provincial, para presidir las elecciones de cargos de las Descalzas, acompañándome el padre Gaspar de San Pedro y el 28 de junio, día señalado para las elecciones, sale elegida como priora la madre Ana de San Alberto.

Ha llegado el otoño. Con el empeño de hacer la fundación de Descalzas en Granada, la madre Ana de Jesús, que ya no es priora de Beas desde hace cuatro meses, centra todo su esfuerzo para conseguir esta nueva fundación. El padre Diego de la Trinidad, que fue nombrado en el capítulo de Ávila vicario provincial de Andalucía, hace las gestiones necesarias con la madre Ana de Jesús para la dicha fundación y, dejado llevar por su carácter crédulo y confiado, piensa que la tarea es fácil y no habrá dificultades.

La madre Ana me lo consulta, debido a la mucha experiencia que tiene ya, y, en una de las ocasiones en que voy a confesar al convento de Beas, le aconsejo que se inicien las negociaciones para ello.

9

Comisionado por el padre provincial, una vez que se le ha escrito, y a la madre Teresa, que está en Ávila, marcho a esta ciudad y así tramito todo lo necesario con el padre Gracián, y de regreso podré traerme a la Madre y a las monjas para la nueva comunidad.

El vicario provincial me ha dado el siguiente documento:

> «Mando debajo de precepto al reverendo padre fray Juan de la Cruz, rector del Colegio de San Basilio de Baeza, vaya a Ávila y traiga a nuestra muy reverenda y muy religiosa madre Teresa de Jesús, fundadora de las Madres Descalzas, priora de San Josef de Ávila, a la fundación de Granada, con el regalo y cuidado que a su persona y edad conviene, con las demás monjas que fuesen necesarias para la dicha fundación. Fechado en lunes, trece de noviembre de mil quinientos ochenta y uno.»

Convento de las Carmelitas Descalzas en Malagón. *(Foto Oronoz)*

Este viaje me produce contento. Llevo mucho tiempo sin ver a la madre Teresa, que no he sabido dónde estaba y la tuve que escribir por medio de otra religiosa, Catalina de Jesús, el 6 de junio de este mismo año: «Aunque no sé donde está, la quiero escribir estos renglones, confiando se los enviará a nuestra Madre, si no anda con ella, y si así es que no anda, consuélese conmigo, que más desterrado estoy yo y solo por acá; que después que me tragó aquella ballena y me vomitó en este extraño puesto, nunca más merecí verla, ni a los santos de por allá.»

Hace casi cuatro años que no la he visto. Salgo de Beas con otro compañero hacia Castilla y llevo cartas de Ana de Jesús para el padre Gracián y para la Madre. También llevamos cabalgaduras y dineros.

El día 28 de noviembre estoy en el locutorio del convento de San José con la madre Teresa. Hablamos de tantas cosas... que su corazón, gastado por los años y por las muchas preocupaciones, se alegra con mi presencia.

Antes he pedido al padre Gracián, que se encuentra en Salamanca organizando el Colegio de los Descalzos, las correspondientes autorizaciones para la nueva casa, respondiendo seguidamente y dando licencia a la madre Teresa para que elija a las monjas que ella crea convenientes para el futuro convento de Granada.

El día 29 de noviembre partimos de Ávila con las dos monjas de aquí, María de Cristo, que ha sido priora, y Antonia del Espíritu Santo, que se unirán a otras religiosas para formar la nueva comunidad de Granada.

La madre Teresa no puede acompañarnos a pesar del mucho deseo que tienen las monjas de Beas y ella misma, por tener compromiso anterior de ir a la fundación de Burgos, y me entrega una carta para Ana de Jesús, patentes para las religiosas del nuevo convento de Granada y otros encargos.

Al despedirnos, la Madre se queda con harta pena y mucha soledad.

A nuestro paso por Escalona visito a la marquesa de Villena, dándole una carta de la Madre, y en Malagón recogemos en el convento a Beatriz de Jesús, sobrina de la madre Teresa.

Durante el viaje comentamos el mucho acierto que ha tenido como siempre la Madre en escoger a las monjas. Dos de Sevilla, cuatro de Beas, dos hermanas legas de la Jara, además de las que vienen con nosotros de Ávila, que ayudarán a la madre Ana de Jesús en sus tareas como fundadora en Granada.

El día 8 de diciembre llegamos al convento de Beas. Al ver que no viene la madre Teresa, que esperaban con impaciencia, se desilusionan. Pero traigo una carta para la madre Ana de Jesús en la que explica los motivos por los que no ha podido venir y la da suficiente ánimo para que lleve a buen fin el proyecto de Granada.

Mientras el vicario provincial, que se encuentra en Granada para solicitar la licencia del arzobispo y comprar la casa, no avisa, transcurre un mes y algunos días más.

Entre tanto, vamos haciendo los preparativos más indispensables. Es el día 13 de enero de 1582, sábado por la tarde, cuando recibimos el aviso del vicario provincial para que iniciemos el viaje a Granada.

Salimos de Beas el día 15 de enero a las tres de la mañana. Ni la tormenta, que parece se hunde todo el mundo con agua y piedra, ni el mal que tiene la madre Ana de Jesús, que tanto inquieta a los médicos, impiden nuestra marcha.

Paramos en Torreperogil para recoger a una joven que ha pedido el hábito para lega, y continuamos el camino sobre las dóciles mulas. El día 17 llegamos a Daifontes y descansamos a la orilla del río.

Tanto la madre Ana de Jesús como el compañero y yo mismo pensamos la forma de conseguir del arzobispo la licencia que se niega rotundamente a conceder.

A nuestro paso por Albelote, que está a una legua antes de Granada, sale a nuestro encuentro el vicario provincial para advertirnos que el arzobispo no concede la licencia y que el dueño de la casa no quiere venderla para formar un convento, a pesar de haber hecho el contrato y de los cincuenta mil ducados ofrecidos en garantía: pero que una señora viuda y noble, doña Ana de Peñalosa, ha puesto a la entera disposición de las monjas su casa, que ya la ha preparado y hasta ha convertido en capilla el zaguán de su casa palaciega.

El día 20 aguardamos a que se haga de noche para no ser vistos. A las tres de la mañana llamamos a la puerta de doña Ana de Peñalosa, que nos está aguardando. Nos acoge con emoción y agrado, que a todos nosotros contagia de su mucha bondad.

A la siete de la mañana, la madre Ana de Jesús comunica al arzobispo su llegada, y éste envía a don Antonio Batba, previsor suyo, consignado para celebrar la misa. Fray Pedro de los Ángeles canta la epístola y yo el evangelio. Es la primera celebración eucarística que se hace en el improvisado convento de las Descalzas en Granada.

Este mismo día don Luis de Mercado y el licenciado Laguna visitan al arzobispo, que está malo de la turbación del rayo que ha caído hace dos noches en el palacio arzobispal, y le hallan echando chispas porque hemos venido. Le dicen que, si tanto le pesa a su señoría, para qué ha dado licencia, que está hecho el monasterio. El arzobispo responde: «No puedo hacer menos, que harto forcé mi condición, porque no puedo ver monjas, mas no las pienso dar nada, que aun a las que tengo a mi cargo no puedo sustentar.» Y es comprensible que hable de esta manera cuando en España hay tanta hambre y escasez.

Las Descalzas pasan siete meses viviendo en esta casa gracias a la protección de la noble viuda y a la ayuda que les presto desde el Colegio de Baeza; que algunas cosas para comer la comunidad, como es pecado y legumbres y cosas así, les traigo, porque padecen necesidad.

Y mientras, voy madurando mis escritos para bien de las almas de las religiosas y religiosos, lo mismo que las de otros creyentes que vienen a pedirme consejo.

Aprovecho una de mis visitas a Granada y voy al convento de Los Mártires, que está cerca de la Alhambra, en una casa adosada a la capilla construida por la reina Isabel de Castilla en homenaje a los mártires cristianos muertos allí por los mahometanos, llamado «Corral de cautivos», terreno lleno de mazmorras y pozos de forma cónica, donde eran encerrados los cristianos. Aquí no hay suficiente agua para beber, y desde hace nueve años que los frailes se encargan de este lugar se han hecho algunas reformas para hacer más fácil la vida monacal. Hay huerta, árboles, un viñedo, y se ha construido un estanque que recoge el agua de una acequia que la llevaba a la Alhambra por autorización de Felipe II con fecha 27 de diciembre de 1576.

Cavando el campo, donde se hizo después la huerta, para hacer un estanque, entre muchas sepulturas que allí había de moros y, que se conocían en que había jarrillos y granillos de pasa, se halló una labrada en piedra con unos huesos muy blancos pacizos y pesados, sin calavera, y entre los huesos una cruz, no muy grande, de plata.

Los frailes de Granada del convento de Los Mártires no tienen prior desde hace algún tiempo y, según las nuevas Constituciones de Alcalá, los Descalzos de Los Mártires pueden elegir prior a cualquier religioso de la provincia, aunque sea prior en otro convento, con tal de que lleve en él dos años. Y me eligen prior de Granada.

Me encuentro al principio con unos doce religiosos y con la obligación de continuar la reconstrución del convento. Es el año 1582.

A quienes pretenden nuestro hábito les hago saber la grande aspereza de esta religión, su pobreza, desnudez, mucha mortificación, resignación y menosprecio a todo lo criado.

Granada: conjunto y detalle de la zona del convento de Los Mártires, según dibujo de Hoefnagel en el *Civitates Orbis Terrarum,* de George Braum. Servicio Geográfico del Ejército, Madrid. *(Foto Oronoz)*

Al primer novicio que admito es un sobrino del arzobispo de Granada, que iba para cartujo y se queda con nosotros tomando el nombre de fray Alonso.

Otro segundo novicio, fray Juan Evangelista, por su inteligible caligrafía y por sus buenas cualidades, será mi mano derecha, acompañándome durante nueve años. Le nombro procurador del convento de Los Mártires, en este período falto de dineros para la reconstrución que nos hemos propuesto. Yo intento hacerle comprender que Dios provee si se lo pedimos desde la celda y no a través de limosnas; que cuánta más gloria es permanecer en la celda, y que allí Dios envíe lo necesario, que no hacer tanta solicitación; que hay que aprender a fiar de Dios.

Muy pocos en verdad practican las reglas para su trato con Dios; que todo religioso debe sufrir la contradicción de las pasiones, sufrir con paciencia el acto físico o espiritual y llevar hábito áspero que le recuerde que debe expulsar del corazón el apego a las cosas mundanas, prefiriendo para el prójimo cuanto se posea.

Y porque debo cumplir estas reglas que me facilitan el trato con Dios como es la penitencia, y no me canso de manifestarlo, me privo de las cosas ilícitas, no sin hartos trabajos, obligando al alma en una lucha ascética a soportar lo que al cuerpo resiste con el hambre, la sed y la pobreza.

Elijo para mí la celda más pobre y más estrecha del convento, que tiene una pequeña ventana que da al jardín. Paso recostado en ella muchos ratos durante el día y la noche, contemplando la hermosura de las flores, el temblor de las estrellas y el cambio del tiempo en las avecillas del cielo y en los árboles.

Como prior no descuido mis deberes de gobernar con autoridad y corregir las faltas que se cometen; que no por abrazar esta vida conventual se dejan los defectos propios del hombre. Aplico disciplinas, pero siempre actúo con espíritu benévolo; que no puedo ni debo menospreciar a nadie porque lo haría por Dios, y si empleo el ultraje yo mismo sepultaría la virtud.

El que se considera a sí mismo en más que a su prójimo es un insensato ante los ojos de Dios, equivocado, necio y sin bondad.

Pretendo no mostrarme airado y soy el primero en servir la mesa, barrer, fregar, limpiar los retretes, y cada día dejo de comer o las hierbas o el pescado, o parte de él, del que me dan de ración los refitoreros, y una vez cada semana como en el suelo, y algunos viernes sólo pan y agua; que debo ser agradecido con Dios tanto en la felicidad como en la desgracia; que el alma debe contentarse con lo que Dios le da sin apetecer otras cosas.

Me vuelco sobre todo con los enfermos, y tampoco puedo ver a mis religiosos faltos de alimentos o vestido, ni de recreación tan importante al descanso. A mis frailes les llevo a la huerta, a orillas del Genil y del Darro. Entre tanto, yo admiro a la naturaleza que alaba al Señor y nos enseña cómo hacerlo. Luego, por la noche, les hago reflexiones en mis pláticas y les comento lo que hemos visto a nuestro alrededor con alusiones oportunas; que nuestro entorno es tan grande y a la vez tan sabio, que siempre tiene algo que enseñarnos.

Este mismo año, el 15 de octubre de 1582, muere la madre Teresa de Jesús, a los sesenta y siete años. Todos sentimos su pérdida y lloramos su falta, su ejemplo, sus consejos y su mucho ánimo, que todavía necesitamos.

En Sevilla ha brotado la peste, causando grandes estragos, y se han contagiado algunas personas en Granada. En nuestro convento en una semana han caído dos frailes a deshora, dicen que heridos de la peste. Esta misma semana, estando diciendo misa en el convento de las Descalzas, me siento herido con tan gran dolor y calentura que me da luego, que no puedo salir de la iglesia y es forzoso junto al altar ponerme un colchón en el que me echo, y en él, en peso, me llevan casi muerto al aposento de los donados, que está en la portería. En viéndome los médicos, me mandan cerrar tanto, que, han venido personas graves a visitarme, no consintiendo las monjas que entren, y todas ruegan a Dios, sea servido de atajarlo porque no infeccione el convento ni toque a nadie. He mejorado y las monjas dicen que ha sido por mediación de la madre Teresa, ya que me habían puesto sobre la herida una reliquia suya.

Mucho tiempo paso con las monjas y comunicarlas en particular y en común, enseñándolas a todas así en cosas de oración como de mortificación, penitencia y toda religión; que pienso a solas en mi celda si no seré agradable a Dios.

Atiendo además la dirección espiritual de los beaterios carmelitas: el de las Potencianas, que está muy cerca de Los Mártires, y el de las Melchoras, un poco más retirado.

Es tanta la necesidad que hay en Granada por estos años que el pueblo no sabe cómo ingeniárselas para sacar algunos dineros.

Uno de los días que bajo al convento provisional de las Descalzas de la calle Elvira, me sale al encuentro una mujer con un niño pequeño en los brazos. Muy altanera y desenfadada, me pide dineros par criar al niño porque yo soy su padre.

—¿Quién es la madre del niño? —le pregunto.
—Una doncella hija de padres nobles —me contesta.
—¿Y de dónde ha venido a Granada?
—Es de aquí y nunca ha salido fuera —me responde.
—¿Qué edad tiene la criatura?
—Poco más de un año —me dice la mujer.
—Pues entonces hijo es de gran milagro, pues no ha tanto que yo vine a esta tierra, ni en toda mi vida había estado en ella en muchas leguas a la redonda.

Al llegar al convento de las Descalzas refiero lo sucedido a la priora, Ana de Jesús, y el episodio nos parece de risa.

Por más que intento ausentarme de las gentes, no lo consigo; que todo el que me busca me encuentra para confortar al débil y consolar al triste, aunque sea yo el más necesitado de estos bienes. Pero el alma prefiere estar a solas con Dios. Es más perfecto consagrarse a satisfacer las necesidades espirituales de los fieles, pero una vez que te has vaciado ya el alma de sí misma, pues de lo contrario te expones al peligro del reconocimiento social y los honores mundanos.

Al llegar a las Pascuas de Navidad y Reyes participo con los religiosos cantando villancicos, construyendo el Portal de Belén, adornándolo con ramas de pino y de romero, y en los ratos libres hacemos improvisadas representaciones en verso sobre el Misterio del Nacimiento, poniendo a prueba los novicios su imaginación y soltura para versificar de una forma sencilla, cálida, pero llena de ternura y devoción.

Es en este período cuando más escribo. Unas veces a petición de los demás, otras porque necesito expresar todo aquello que me hace sentir la vida que yo he preferido. Fray Juan Evangelista, que anda a mi lado, hace copias de mis cuadernillos y papeles sueltos, que tiene mejor letra.

El 1 de mayo de 1583 es cuando se celebra en Almodóvar del Campo capítulo de los Descalzos convocado por el provincial fray Jerónimo de la Madre de Dios. Y como los frailes resolvemos nuestras deficiencias con reuniones y capítulos, antes de proceder a la elección de los definidores, se inicia con la corrección de los priores. Asistimos veintiséis capitulares.

El padre provincial me llama al orden acusándome de que visito poco a los seglares, aconsejándome que de hacerlo obtendría buenas e importantes limosnas en beneficio del convento. No es la primera vez que me llaman la atención y me repiten lo mismo. Fray Diego de la Trinidad lo hizo conmigo cuando llegué a Granada. No es desconocido para mí este correctivo. Me he puesto de rodillas durante la amonestación, estando todos los padres juntos en acto de capítulo. Me levanto y respondo:

> «Padre nuestro, ni el tiempo que yo he de gastar en visitar estas personas y persuadirlas a que me hagan alguna limosna lo ocupo yo en nuestra celda en pedir a Nuestro Señor mueva a esas almas a que hagan por Él lo que habían de hacer por mi persuasión, y su Majestad, con esto me provee mi convento de lo necesario, ¿para qué he de visitar, si no es en alguna necesidad u obra de caridad?»

Ninguno me contesta. En el capítulo se ve la necesidad de modificar lo acordado en Alcalá sobre la elección de superiores locales y se determina que sean elegidos en el capítulo lo mismo que provincial y definidores. Yo no estoy de acuerdo con que se vuelvan a elegir a los mismos por bien de la orden y aprovecho el momento para proponerles mi no elección.

También se plantea la conveniencia de fundar conventos de la Reforma en otros países, como en tierra de infieles, a lo que yo expongo mis reparos a que lo haga nuestra orden, porque en las tierras donde no estén preparadas para la vida eminentemente contemplativa en todo su logro, pueden desviar el espíritu de la orden.

El padre Doria, que ha venido de Italia para asistir al capítulo, acusa enérgicamente al padre Gracián de su entrega total al púlpito olvidándose de las reglas de la observancia. Le amenaza con destituirle, pero no lo hace. Lo único que pretende es que el padre Gracián se modere en su excesiva actividad oratoria.

Todos los superiores locales somos confirmados en nuestros cargos y yo regreso al convento de Los Mártires, que sus religiosos me quieren más que si fuese su padre carnal y estoy seguro que me seguirían adonde vaya. ¡Cómo les quiero...!

10

Rara vez salgo del convento a visitar seglares, a pesar de la mucha escasez que tenemos y que algunos días no hay con qué comprar comida para frailes. Fray Juan Evangelista, como procurador que lo es, se ocupa de estos menesteres; me suplica que le deje salir a pedir limosna. Le niego el permiso, mas yo pido a mis devotos que disfrutan de abundancia a fin de remediar la pobreza del convento y de los que vienen, que son muchos, con hambre y con tristeza, que sobrada es la que hay en Andalucía en este año de 1584. A todos remedio con pan y con dineros; que también los de la clase alta padecen las consecuencias de la falta de alimentos por los excesivos gastos y compromisos de la Corona.

Y sigo ampliando el convento, pago deudas contraídas anteriormente, se hace un acueducto para traer el agua al estanque desde el Generalife, y por etapas voy construyendo el claustro conventual de piedra y materiales sólidos. Para ello he mandado venir a mi hermano Francisco desde Medina del Campo para que me ayude, como lo ha hecho en tantas ocasiones, de peón de albañil, a sus cincuenta años; que es la prenda del mundo que más estimo. Trabajo con él haciendo adobes y en todo aquello que puedo ser útil.

Cuando vuelvo a la celda redacto algunos pensamientos que luego entrego a fray Juan Evangelista y a otros religiosos para que los copien.

Ejerzo como maestro espiritual de quien se acerca a pedirme consejo, y de mis hijas las Descalzas sobre todo, que ya se han instalado desde noviembre en la que fue la casa del Gran Capitán, interviniendo yo en las negociaciones de su compra con las dotes de las primeras profesas.

La Biblia es uno de mis libros que prefiero. De tanto leerla voy aprendiéndola de memoria, que después recito y hago explicaciones a los frailes en el tiempo de recreación. En este tiempo vuelvo a echar el demonio de una monja, la hermana Asunción. Y aquí, en el convento de Los Mártires, termino los comentarios de la *Subida,* compongo los versos de la *Noche oscura,* en que canta el alma la dichosa ventura que tuvo en pasar por la oscura noche de la fe, en desnudez y purgación suya, a la unión del Amado.

> Quedéme y olvidéme,
> el rostro recliné sobre el Amado:
> cesó todo y dejéme,
> dejando mi cuidado
> entre las azucenas olvidado.

A instancia de la madre Ana de Jesús, escribo el libro de la *Declaración de las canciones del amor de Dios,* explicaciones que puedan hacer más sencilla al entendimiento la metáfora que utilizo en mis versos.

> «Sería ignorancia pensar que los dichos de amor en inteligencia mística, cuales son los de las presentes canciones, con alguna manera de palabras se puedan bien explicar.»

En mi celda estoy en oración o componiendo unos libricos de canciones o coplas del alma que pena por ver a Dios:

> Vivo sin vivir en mí
> y de tal manera espero,
> que muero porque no muero.
> En mí yo no vivo ya,
> y sin Dios vivir no puedo;
> pues sin Él y sin mí quedo,
> este vivir, ¿qué será?
> Mil muertes se me hará,
> pues mi misma vida espero,
> muriendo porque no muero.
> ....

Por solicitud de doña Ana de Peñalosa hago los comentarios de la *Llama de amor viva,* canciones que hace el alma en la íntima unión de Dios, su esposo amado:

> ¡Oh llama de amor viva,
> que tiernamente hieres
> de mi alma en el más profundo centro!;
> pues ya no eres esquiva,
> acaba ya, si quieres;
> rompe la tela de este dulce encuentro.
> ....»

No me es sencillo aclarar con palabras escritas que no superan la intencionalidad de mi propósito. En el prólogo digo a doña Ana de Peñalosa:

> «Alguna repugnancia he tenido, muy noble y devota señora, que declarar estas cuatro canciones que Vuestra Merced me ha pedido, por ser cosas tan interiores y espirituales para las cuales comúnmente falta lenguaje; porque lo espiritual excede al

sentido, y con dificultad se dice algo de la sustancia del espíritu si no es con entrañable espíritu. Y por lo poco que hay en mí, lo he diferido hasta ahora que el Señor parece que ha abierto un poco de noticia y dado algún calor (debe ser por el santo deseo que Vuestra Merced tiene; quizá como se hicieron para Vuestra Merced querrá Su Majestad que para Vuestra Merced se declaren), me he animado, sabiendo cierto que de mi cosecha nada que haga al caso diré en nada, cuánto más en cosas tan subidas y sustanciales. Pero eso no será mío sino lo malo y errado que en ello hubiere.»

Y escribo estos comentarios por evitar equívocos y malas interpretaciones, mas donde mejor expreso lo que siento es a través del verso sin obligar a que me entiendan, sin cerrar las puertas del espíritu, y que vea lo que precise y le convenga.

> Un pastorcico, solo, está penado,
> ajeno de placer y de contento,
> y en su pastora puesto el pensamiento,
> y el pecho del amor muy lastimado.
> ....

A los religiosos que tienen dificultad para comprender la doctrina que expongo, les digo que este monte de perfección, por el cual enseño que para subir a la perfección ni se han de querer bienes del suelo ni del cielo, sino sólo no querer buscar nada, sino buscar y querer en todo la gloria y honra de Dios Nuestro Señor, con cosas particulares a este propósito.

De este período es mi otro cuadernillo: *Propiedades del pájaro solitario,* breve tratado en el que explico a los espirituales la soledad y atención que el alma en el camino de la perfección ha de tener al cielo.

Omito algunas de las anécdotas para seguir contando las cosas más importantes que me vayan sucediendo.

Es la primavera de 1585 y emprendo un viaje a Lisboa para asistir al capítulo convocado por el padre Gracián para elegir los nuevos superiores de los Descalzos. Asistimos treinta capitulares. Es el día 10 de mayo. Al día siguiente soy nombrado definidor y el padre Nicolás de Jesús María Doria, que se encuentra en Italia y es prior de Génova, a propuesta del padre Gracián, es elegido provincial.

Al igual que en el capítulo de Almodóvar, no comparto el sistema de elecciones y manifiesto mi proposición, que no es aceptada

Lisboa según un grabado del siglo XVI.
(Foto Archivo Espasa-Calpe)

por los miembros del capítulo. Dicho capítulo se suspende hasta que el nuevo provincial se halle en España para presidir las sesiones y se comisiona al padre Fernando de Santa María para que lleve la patente de la elección al padre Nicolás Doria.

En el convento dominicano de la Anunziata de Lisboa hay una monja, sor María de la Visitación, que tiene las llagas en manos, pies y costado; hace prodigios que asombran al mundo, y las autoridades eminentes dan su aprobación y por bueno su espíritu elegido. Todos los capitulares andan tras ella para verla y vienen hasta mí contándome maravillas. Están engañados. Todo es embuste, y la descubrirá el Señor, que lo utiliza y se aprovecha de la ingenuidad y la candidez de las personas que precisan creerla para así tener ilusión y esperanza en esta época tan falta de medios necesarios, tan llena de abusos y desencanto. Más tarde, comprobado el engaño, la monja de Lisboa acabará en los tribunales de la Inquisición.

Regreso por Sevilla para ir a Málaga con el padre Antonio del Espíritu Santo, que, habiendo perdido el juicio la hermana Catalina Evangelista, se había arrojado por una ventana y hecha pedazos, muriendo luego. El convento de Málaga lo fundé en febrero de este mismo año y el accidente ocurrió el día 7, a los pocos días de nuestra llegada. La priora me avisó de lo ocurrido estando yo en Lisboa, y a fin de llevarles un poco de ánimo voy a Málaga y mando dos monjas más de Caravaca para que las ayuden en las cosas del convento.

El padre Nicolás de Jesús María Doria llega a España y convoca capítulo en Pastrana para el 17 de octubre de este mismo año.

Mi estancia en el convento de Los Mártires es breve, ya que a mediados del verano salgo para Castilla con el padre Luis de San Jerónimo, que del Calvario lo traje a Granada.

Aprovecho para ir a Caravaca, y cuando estoy allí recibo una carta de un padre de Baeza pidiéndome con urgencia que antes de emprender viaje a Castilla vuelva por el Colegio de San Basilio por un asunto grave y delicado que he de resolver personalmente. Vuelvo a Baeza, y todo ha sido una falsa alarma de los escrúpulos de este padre, que el asunto carece de importancia, retardando mi viaje, que dura dos meses largos hasta llegar a Pastrana.

En el capítulo al que asisto como segundo definidor se trata sobre problemas que afectan a la Reforma. El padre Doria propone la división de los Descalzos en cuatro semiprovincias debido al aumento y crecimiento de comunidades de la Reforma. A mí me destinan al frente de la de Andalucía.

El padre provincial nos dice:

«Observancia rigurosa, padres míos; observancia rigurosa. Que nos vamos perdiendo muy aprisa con la poca que vuestras reverencias ven... Padres, yo no cumpliré con mi conciencia si esto no les repitiere muchas veces. Y tengan todos entendido que éste ha de ser mi lenguaje, éste mi cuidado, ésta mi empresa. Y confío en Dios que, aun después de muerto, mis huesos, dándose unos con otros en la sepultura, han de clamar: "¡Observancia regular, observancia regular!"»

En Lisboa, el padre Gracián propuso el envío de religiosos misioneros a México. El padre Doria, contrario y enemigo de esta determinación, la someto al criterio de los capitulares. Yo soy uno de los que apruebo este acuerdo de enviar a México religiosos de la Reforma.
También se acuerda el traslado del cuerpo de la madre Teresa desde Alba de Tormes a la ciudad de Ávila. Es el día 27 de octubre de 1585.

La etapa como vicario provincial de Andalucía me deja muy poco tiempo para mi retiro en el convento de Los Mártires. Tengo que hacer cumplir las órdenes del padre Doria sobre la observancia, tan meticulosamente expuesta por él, en todos nuestros conventos. He autorizado a las descalzas de Caravaca para que puedan ejecutar un contrato sobre legítimas y bienes con la siguiente licencia:

Jesús María [1]

Fray Juan de la Cruz, Vicario Provincial en este distrito de Andalucía de los Carmelitas Descalzos, etc. Por la presente doy licencia y facultad al reverendo Padre Prior y conventuales de nuestro Convento de Nuestra Señora de los Remedios, en Triana de Sevilla, para que puedan efectuar el trato y concierto que el dicho convento tiene hecho sobre las legítimas y bienes del padre y madre de fray Juan de Jesús, hijo de los señores, el licenciado Gaspar de Jaén y doña Isabel de Segura, su mujer, vecinos de la dicha ciudad, y recibir los doscientos y cincuenta ducados que por razón de la profesión del dicho fray Juan de Jesús se dan al dicho convento de parte de los dichos sus padres, tomándoles en cuenta lo que a cuenta de ello se probare haber dado al convento, y sobre ello puedan otorgar y otorguen cua-

---

[1] Guárdase en el Archivo de Protocolos de Sevilla. Mide el original 320×220 mm. Todo el documento es de letra del Santo.

lesquier escrituras y cláusulas firmes y valederas, y dar sus cartas de pago y finiquitos y renunciar otras cualesquier herencias y bienes que ahora y en cualquier tiempo puedan pertenecer al dicho convento por parte de los dichos señores el licenciado Gaspar de Jaén y su mujer doña Isabel de Segura.

Fecha en Granada, firmada de mi nombre y sellada con el sello de mi oficio, a 15 de diciembre de 1585.

Fray Juan de la Cruz
Vic.º provincial.

En Sevilla hay algunos predicadores jóvenes, excelentes oradores, que se hacen notar por sus largas ausencias del convento. Fray Diego Evangelista y fray Francisco Crisóstomo, entre ellos. Les llamo la atención insistiéndoles en la necesidad de una vida más conventual y retirada según nuestras reglas, y se quedan molestos, resentidos hacia mi persona, sin aceptar los inconvenientes que de no seguir las normas establecidas pueden hacerse daño y producirles contratiempos.

En el tratado sobre el Monte Carmelo escribo:

> «Al predicador, para aprovechar al pueblo y no embarcarse a sí mismo con vano gozo y presunción, conviénele advertir que aquel ejercicio más es espiritual que vocal; porque, aunque se ejercita con palabras de fuera, su fuerza y su eficacia no la tiene sino del espíritu interior. De donde por más alta que sea la doctrina y subido el estilo con que va vestida, no hace de suyo, ordinariamente, más provecho que tuviere de espíritu. Porque aunque es verdad que la palabra de Dios de suyo es eficaz..., pero también el fuego tiene virtud de quemar, y no quemará cuando en el sujeto no hay disposición.»

Visito los conventos de Granada, el Calvario, La Peñuela, Málaga, Caravaca, Sevilla y Guadalcázar. Suele acompañarme algún padre o hermano lego, y no llevo más que un jumentillo o mula, que montamos por turno. Otras veces voy a pie, según la distancia.

En estos años de visitador me suceden toda clase de aventuras que por no hacerme largo prefiero callar, como a todo hombre que pasa la mayor parte de su tiempo en los caminos.

Lo mismo tengo que separar a pendencieros, aguantar el mal o buen tiempo, salvarme de riadas y tormentas, esquivar el acoso de algunas mujeres, que ignoro los motivos que les empujan y tampoco quiero saberlos; me caigo de la cabalgadura, me despeño por distraerme en la lectura que hago sobre la mula sin atender el camino..., y hasta oír que soy santo y milagrero.

¡Pobres gentes que me desconocen y sólo ven lo externo, vana apariencia de las cosas que disimula faltas y defectos! Harto cuidado llevo en no destacar en nada, pero sí me ocupo del fecundo amor que por Dios siento y ayuda mis flaquezas fecundando el respeto a lo que represento y quiero.

Duermo en el suelo sobre una mantilla y me alimento igual que si estuviera en el convento; que la penitencia no puedo abandonarla. Bastante es el regalo que traigo de venir a caballo; no ha de ser todo descanso.

TERCERA PARTE

San Juan de la Cruz. Lienzo en las Carmelitas Descalzas de Caravaca.
(Foto Archivo Espasa-Calpe)

conspiración y muerte
(1586-1591)

1

¿ME adornará Dios con sus cualidades, que me tengo por cosa vil e inútil? Algunos frailes así lo piensan. Con frecuencia pierdo la conciencia de mi propio ser y estoy ausente de mí mismo. Además, llegan a mis oídos ciertos comentarios que por resentimiento o porque así lo crean murmuran de mí y hasta me injurian con sus calumnias valiéndose de otros frailes inexpertos que les falta tiempo para hacerme llegar sus maquinaciones, sus enredos. ¿En qué se fundamentan para facilitar la mala crítica de mi labor y del mucho empeño que pongo en obedecer y hacer cumplir las reglas de nuestra observancia, que libremente eligieron, sin obligar a nadie a esta vida de continua abnegación y entrega?

Los hermanos fray Pedro de la Madre de Dios y fray Martín de la Asunción suelen compartir mis viajes como vicario provincial. De Beas, en donde he dejado muy enferma a la madre Catalina de Jesús, la priora del convento, a quien estimo mucho por su abundante virtud y santidad, he vuelto en febrero a la villa de Caravaca por dos o tres días para visitar al convento como provincial que soy y he dejado a las monjas mi librillo de las *Canciones de la Esposa* para que lo copien. La madre priora encomienda el trabajo a la hermana Francisca de la Madre de Dios y sin más demora ni a penas descansar regreso a Beas.

De nuevo, la primavera en toda su anchura y abundancia en los campos andaluces. A últimos de abril del año 1586 llego a Córdoba para hacer una fundación de Descalzos. Aquí paso el tiempo necesario para las tramitaciones legales, firmar el acta de compra de la ermita de San Roque y otras casas que hay junto a ella para adaptarlas a iglesia y a convento.

El deán de la catedral, don Luis Fernández de Córdoba, me tiene en su casa. El obispo, don Mauricio de Pazos, me autoriza la fundación, y el 27 de abril de este mismo año firmo el acta de compra. El día 8 de mayo se inaugura la fundación.

De aquí marcho a Sevilla y escribo a la priora de Caravaca, Ana de San Alberto:

> «Ya estoy en Sevilla, en la translación de nuestras monjas, que han comprado unas casas principalísimas, que, aunque costaron casi catorce mil ducados, valen más de veinte mil. Ya están en ellas, y el día de San Bernabé pone el cardenal el Santísimo con mucha solemnidad.»

Antes de mi partida quisiera fundar otro convento de frailes Descalzos en el centro de la ciudad y después ir a Écija antes del 24 de junio para fundar allí otro; mas no lo consigo, y regreso a Córdoba haciendo parada en Guadalcázar, a la izquierda del Guadalquivir, en el convento que fundó el padre Gracián el 24 de marzo de 1585 y que yo he firmado este año las escrituras.

Caigo enfermo de gravedad con intenso dolor de ijada y un pulmón lleno de tumores, los médicos consideran no haber solución. «No es llegada la hora de mi muerte, aunque más digan los médicos; sí padeceré mucho en esta enfermedad, pero no moriré de ella; que no está bien labrada la piedra para el edificio tan santo», le digo a fray Martín de la Asunción, que me acompaña en este viaje; y al aplicarme unos ungüentos que los médicos han mandado para los riñones, averigua que llevo hundida en la cintura una cadena de cilicio para mejor vencer mis debilidades, obligándome a quitármela, saliéndome mucha sangre, de lo que yo me siento avergonzado y confuso. Sería ignorancia pensar que guardará el secreto, por más que se lo pido y él me promete silenciarlo.

Estoy enfermo, y a los cuarenta y dos años de mi nacimiento, edad en que la mayoría empieza a sentirse viejo, yo me voy acabando, y lucho por fortalecer mi salud, que ahora impide realizar tantos proyectos.

Me daban ya por muerto y me he recuperado. Con el hermano fray Martín continúo mi viaje hasta Córdoba. Hay más novicios y no caben en el convento que se está haciendo, por lo que dispongo se marchen al de Sevilla siete novicios y un donado con el hermano fray Martín, pudiéndose quedar sólo dos de los novicios que hay en total.

El prior, fray Agustín de los Reyes, me ruega que se queden los dos más ricos con el fin de que sus familias ayuden en la pobreza que tienen en el convento todavía sin terminar. Dejo a los más pobres y le recuerdo que se debe tener gran confianza en Dios Nuestro Señor.

Entre tanto que el hermano Martín lleva a los novicios a Sevilla, yo me ocupo de los asuntos que debo realizar como vicario provincial.

A la vuelta del hermano Martín de Sevilla, me entrega trescientos reales que le han sobrado. Yo sólo mandé que le echaran a la alforja seis panes y unas granadas, no dineros. Después me cuenta que durante el camino les han regalado con dineros y cabalgaduras. Le respondo que quisiera que viniera más santo y no con tantos dineros, y que si no hubiera pedido en el camino, no trajera dineros.

Un día encontrándome en un cuarto se me viene todo encima: techo, maderos, paredes; excepto el rincón donde me hallo. Han derribado una pared inclinándose hacia la habitación en la que estoy, quedándome entre los escombros. Todos acuden al derribo, frailes, albañiles, los que pueden echar una mano, pensando que estoy muerto. Apartan las piedras, remueven tierra y cuanto impide dar conmigo, y con gran esfuerzo me encuentran acurrucado en el rincón y sonriente. Opinan que me he salvado por un milagro. Yo les digo que me ha favorecido la Virgen de la capa blanca.

Un padre bueno y grave de los que hay en este convento, que se llama fray Agustín de los Reyes, me propone que sería bien decir a la ciudad cómo están aquí en esta fundación y la pobreza que padecen, para que la ciudad haga estima de la Religión y acuda a su necesidad. Reunido en una plática exhórtoles se dejen en las manos de Dios Nuestro Señor, porque muchas veces, buscando la estima de la religión, se busca la propia, y buscando el remedio del convento, se busca el propio, lo cual todo se ha de dejar a Dios.

No está bien que se utilice el púlpito para mendigar, y menos todavía moviendo los corazones con que se reza en agradecimiento a sus donaciones.

«No es aquél negocio para el púlpito, sino palabras muy encendidas en amor de Dios; porque esas cosas ellas se vendrán cuando Nuestro Señor las enviare.»

El padre Doria me envía una citación para que asista a una junta de definidores en Madrid el día 13 de agosto de este mismo año de 1586. Hago todo lo que sé por servir de posada de Dios; que no estoy bien con este calor de los días de verano, el mucho sol, el polvo y los rigores propios de un viaje hecho sin descanso. No puedo soportarlo y el mucho cansancio se ceba en mí con fiebres y trastornos físicos, y caigo enfermo en Toledo, retrasando mi llegada a Madrid.

El padre Gracián tampoco se presenta el día 13 de agosto. Se sospecha y malicia que por quejas con el provincial y los definidores. Me detengo por no hallarme en ocasión de desfavorecer al padre Gracián. Porque yo desisto de algunas acciones del padre Gracián, y que alabo otras muy grandes, y siento que busquen la vida a quien la ha dado a tantos.

Ignoran que me encuentro ya en Toledo, y la junta nombra a los priores, fray Ambrosio Mariano de Madrid y a fray Juan Bautista el Remendado de Pastrana, en sustitución nuestra, comenzando así la reunión el día 13, como estaba dispuesto.

Los días 16, 17 y 18 de agosto me hallo en Madrid y asisto a las sesiones ordinarias, que se han reanudado desde el día 13, y firmo las actas de este Definitorio, que se prolonga hasta el día 4 de septiembre, tras la interrupción del mismo desde el 19 hasta el 28 de agosto.

Se acuerda el cambio de la liturgia, la petición de un procurador general de España en Roma y, el 1 de septiembre, la impresión de las obras de la madre Teresa.

Sixto V ha mandado en un breve la devolución del cuerpo de la madre Teresa desde Ávila a Alba de Tormes, proponiéndose y admitiéndose en dicho Definitorio el convento de la Manchuela, en Andalucía, que sin renta, y conforme a nuestras Constituciones, lo reciba y haga sobre ello las escrituras, encargándolas a mí como vicario provincial de Andalucía, que se puede comprobar en el libro del Definitorio. Antes dejé a la madre Ana de Jesús con algunas monjas de Granada en Toledo preparando la nueva fundación de Madrid. Una vez finalizado el Definitorio salgo hasta Illescas a su encuentro para acompañarlas a la corte.

Poco después regreso a Andalucía, deteniéndome en Malagón.

Carmelitas Descalzos, en primer plano; al fondo, el templo de la Santa Cruz. Caravaca. *(Foto Archivo Espasa-Calpe)*

Llegado a la Manchuela firmo las escrituras con don Juan de Ocón, arcediano de Úbeda y fundador del convento de la Manchuela. Para la fundación de este convento me da mucha hacienda que aquí tiene, y yo no lo quiero, diciéndole que para descalzos carmelitas no es menester tanta hacienda, y me contento con bien poca cosa que de ello tomo para la fundación, cosa que le parece bien y admira al dicho don Juan de Ocón y a los que están presentes.

Con frecuencia visito esta comunidad y en una de las veces que traen a dos mujeres endemoniadas. ¿Qué sucede en esta época tan propicia y fascinante por los grandes movimientos intelectuales, artísticos, religiosos, que tan cerca estamos de Dios y del demonio?

El día 12 de octubre se pone el Santísimo, y para este convento nombro vicario al padre Eliseo de los Mártires, que está en Baeza.

Salgo de inmediato para el convento de Granada a presidir la elección de la nueva priora, subpriora y clavarias, y el 23 de noviembre estoy en Málaga para dar licencia a la madre priora y a monjas de nuestro convento de San José y de San Pedro de esta ciudad para que puedan comprar las casas que están en poder de doña Úrsula de Guzmán.

Regreso a Granada y el 28 de noviembre repito las elecciones. A mediados de diciembre llego a Caravaca para la fundación del convento de los Descalzos, habiéndose comprado una pequeña casa que habitaban unos moriscos y ha sido preparada para la nueva comunidad, procurada la licencia del Concejo y la aceptación de los vecinos de este lugar murciano. El día 18 de diciembre se inaugura y regreso de nuevo a Andalucía; hago parada en Beas y de aquí parto a Bujalance para negociar fundación en la ermita del Rosario, que se edificó sobre los restos de una iglesia mozárabe.

Aquí recibo un comunicado del padre Doria para que me presente con urgencia en Madrid. Hace frío y llueve torrencialmente. Ante los frailes que me acompañan y saben de mis dolencias, que poco a poco van minando la indefensa salud que poseo, pareciéndoles injusta la vida que llevo tan agitada, sin descanso y por más que me aconsejen e insisten en que aguarde unos días a que pase el mal tiempo, al día siguiente, muy temprano, emprendo el camino a Madrid.

Otros religiosos piensan que hago lo que me agrada y hasta se cambiarían por mí; que, según ellos, tantas ventajas se obtienen al ser vicario provincial de Andalucía, y no ven lo incómodo y agotador, el mérito de este cargo, los inconvenientes que conlleva el gobernar y lo mucho que se padece cuando ves que no todos aceptan fr Juan de la cruz vicario prouincial delos carmelitas descalços en este districto de andaluçia. por la presente doy licencia a la priora y monjas del conuento del glorioso San Joseph que es de carmelitas descalças en la villa de carauaca para que puedan poner demanda ante qualesquier tribunales que de derecho puedan, sobre las casas que los padres de la compañia les an tomado perteneçientes al sitio de su conuento, las quales eran de alonso de pobres vecino de la dicha villa de carauaca, y para ello puedan delegar su poder a qualquier procurador o procuradores de qualesquier chancillerias de su mag.ᵈ como aellos mejor les pareçiere conuenir, y puedan seguir el pleyto segun y como de derecho puedan que para todo ello y lo aello conçerniente les doy mi poder cumplido y licençia por mi y en non- bre dela orden tal qual y tan cumplido como de derecho lo puedo dar en fee delo qual di esto firmado de mi nombre y sellado con el sello de mi officio fecha en nro conuento de nra Señora de ... de la villa de carauaca a dos de março de 1587 años

fr Juan de la +
Vic.º prouincial

Manuscrito de San Juan de la Cruz, dando licencia a las Descalzas de Caravaca para demandar a los jesuitas con agrado lo que con el mejor de los deseos les pides que obedezcan las órdenes que otros imponen.

Sé que, hostigados por cierta envidia o celos impropios de su vocación, hablan mal de mí y hacen pecado venial en cuanto me hacen padecer. Yo me tengo de venir a holgar con estos trabajos, y aunque lo paso mal, pídole a Dios la gloria del padecimiento que me sea menester, que tengo ocupado mi corazón en Dios con su pensamiento.

2

Mi estancia en Madrid con el padre Doria ha sido privada y de carácter personal para tratar de asuntos, que, aunque están relacionados con mi ejercicio de vicario provincial y de la marcha de los conventos fundados, y del modo de llevar a buen fin los proyectos de la Reforma, los temas e informes que hemos tratado han sido bastante delicados, por lo que debo silenciar su contenido.

El día 2 de marzo de 1587 me encuentro en Caravaca firmando una licencia para que las Descalzas puedan demandar a los padres de la compañía, que tanto poder han adquirido en la provincia de Murcia, por unas casas que les han tomado, resolver algunos negocios de las monjas contra intereses de clérigos y otros particulares, defendiéndolas y poniendo dichos asuntos en su lugar.

LICENCIA PARA QUE LAS DESCALZAS DE CARAVACA PUEDAN PLEITAR (2 DE MARZO DE 1587)[2]

Fr. Juan de la Cruz, Vicario Provincial de los Carmelitas Descalzos en este distrito de Andalucía, por la presente doy licencia a la Priora y monjas del Convento del glorioso S. Joseph, que es de Carmelitas Descalzas, en la villa de Caravaca, para que puedan poner demanda ante cualesquier tribunales que de derecho puedan, sobre las casas que los padres de la Compañía les han tomado, pertenecientes al sitio de su convento, las cuales eran de Alonso de Robres, vecino de la dicha villa de Caravaca; y para ello puedan delegar su poder a cualquier procurador o procuradores de cualesquier chancillerías de Su Majestad,

---

[2] Guárdase este documento en las Carmelitas de Caravaca. Mide 310 × 200 mm. y se halla muy bien conservado.

como a ellas mejor les pareciere convenir, y puedan seguir el pleito según y como de derecho puedan; que para todo ello y lo a ello concerniente, les doy mi poder cumplido, como de derecho lo puedo dar.

En fe de lo cual di ésta, firmada de mi nombre y sellada con el sello de mi oficio.

Fecha en nuestro Convento de Nuestra Señora del Carmen de la villa de Caravaca, a dos de Marzo de 1587 años.

FRAY JUAN DE LA CRUZ,
Vic. prov.

A Baeza llego el 8 de marzo para escribir un documento para los Descalzos de la Fuensanta de Jaén, convento cercano a Villanueva del Arzobispo y próximo a Iznatorafe, y el día 7 de abril me reúno con el provincial y los definidores en Valladolid para la junta previa al capítulo que se celebra el 18 de abril de este mismo año.

Desde Madrid a Valladolid me he unido al grupo de otros capitulares, y a nuestro paso por Sierra de Guadarrama nos sorprende una tormenta que nos deja hechos unos eccehomos. Al llegar a Segovia nos vemos obligados a reponer fuerzas dos o tres días, conociendo allí al padre Alonso de la Madre de Dios, asturiano, que, por sus muchas preguntas e interés por la Reforma, se hace con mi distinción más afectuosa y le hablo de los deberes que tengo de ser santo en agradecimiento a la vocación que he aceptado a una orden religiosa tan santa. Varones dignos de todo crédito llaman a este capítulo de Valladolid «El grande», por su prestigio y por su concurrencia. Nos reunimos cuarenta y seis padres.

Ceso en el cargo de definidor y vicario provincial, pero vuelvo a ser nombrado (en contra de mi voluntad) prior del convento de Los Mártires de Granada, por más que he pedido no se me dé cargo alguno.

Me acaban de hacer prelado y puesto de rodillas ante todo el capítulo renuncio mi oficio confesándome por insuficiente y suplicándoles con ruegos y gran humildad me admitan la renunciación, y hago esto por sentirme de mí mismo muy bajamente.

En Los Mártires de Granada permanezco un año como prior y en esta ciudad en la que se dieron tantas y encarnizadas batallas me siento movido a perfeccionar mi espíritu con el sentido de la acción frente al camino de la Reforma en soledad, en oración.

Dios me favorece de continuo con visiones extraordinarias de su indiscutible grandeza, y busco gozar de la familiaridad en el trato con Dios para no impacientarme ni tomar disgusto por la falta de salud que entorpece mis ansias y mi lucha. Mas hace tiempo que dejé mi ser en Dios y con la práctica de la abnegación de la propia voluntad debo aceptar con agrado todos los males y pruebas que me ofrezca este compromiso voluntario de mi alma, este abandono en los cuidados del Amado.

Por comisión de nuestro padre provincial visito el convento de madres carmelitas de Málaga, para hacer un inventario, el día 2 de junio de 1588. El 19 de junio de este mismo año asisto en Madrid, como prior de Granada, al capítulo para establecer la provincia descalza en Congregación.

A Madrid han venido algunos colegiales de Alcalá; y me hospedo con otros capitulares en las casas de Matallana, que están al fin de la segunda huerta, algo distantes del bullicio del convento.

En el capítulo se nombran cuatro definidores para que lo presidan, y yo salgo como primer definidor. Luego se elige al vicario general, que recae en el padre Doria. Se votan seis consiliarios, y también salgo como tercer comisario, eligiéndose como sede de la Consulta el convento de Segovia; que hace ya más de dos años los Descalzos residen en lo que fue convento de los Trinitarios, a extramuros de Segovia, viejo y abandonado. El día 10 de agosto de 1588 se traslada la Consulta.

Soy destinado a Segovia y a primeros de agosto ya firmo como prior en el Libro de gasto y recibo. Desde Granada, por el deseo de doña Ana de Peñalosa, que me había consultado el destino de los bienes de su difunto marido, don Juan de Guevara, y la intención que tenía éste de construir un hospital o un monasterio en Segovia, donde él había nacido, yo le aconsejé que dedicara su hacienda en la construcción de un convento de Descalzos. A mi dirigida le pareció lo mejor y así lo hizo. El convento está situado a la otra parte del río Eresma. Es un edificio pequeño, adosado a una iglesia en condiciones precarias que se fundó por San Juan de Mata en 1207 con el título de Santa María de Rocamador. Tras un año de gestiones y acondicionamiento, porque es mucha la humedad que tiene, el 12 de julio de 1586 se instaló la comunidad de Descalzos, que eran unos siete religiosos.

Cuando llego a Segovia y se erige la Consulta en el convento, habitamos en él, aparte de la comunidad, jóvenes coristas, el vicario general y sus consiliarios, quedándose pequeño, por lo que se decide ampliarlo.

Convento de los Carmelitas, en primer plano, y el Alcázar desde la cueva de la Peña. Segovia. *(Foto T. Pintos)*

Doña Ana de Peñalosa ofrece su ayuda y costea los gastos principales para edificar otro convento a unos metros de éste, en lugar más seco, orientado a poniente.

Iniciada la construcción, trabajo como uno más de los obreros, con tanta ilusión que paso la mayor parte de mi tiempo dedicado a las obras. Un día me dice el padre Juan Evangelista, que ha llegado en el mes de octubre: «¡Válgame Dios, Padre nuestro, qué amigo está vuestra reverencia de estarse entre cal y piedras!»; le respondo: «Hijo, no se espante; que cuando trato con ellas tengo menos en qué tropezar que cuando trato con los hombres.»

Hace seis meses que vine a este convento y el 21 de enero de 1589 compro al Cabildo por veinticuatro reales, para la mesa capitular, unos terrenos para ensanchar la huerta, en calidad de definidor mayor y presidente de la Consulta de la Congregación de Carmelitas Descalzos. En la escritura hay una cláusula de que si abandonamos el lugar nos sean devueltos los veinticuatro reales, volviendo a tomar posesión el dicho Cabildo.

Hasta el 4 de junio no se hace entrega de los terrenos, en su mayoría pedregosos y de monte, que desde su altura se divisa el paisaje tan espléndido para los ojos, el esfuerzo de la piedra en sus variados y grandiosos templos, monasterios, palacios, los campos sin cultivo, romerales, monte bajo, y como símbolos de la ciudad el Alcázar y Acueducto.

Cuando termino las ocupaciones propias de mi cargo subo a refugiarme en una cueva que aquí hay del tamaño de un hombre recostado, de donde se ve mucho cielo, río y campo, aislándome de todo lo que me rodea en busca del silencio y la meditación.

Son muchos años los que me ejercito en el método por el cual se logra la práctica espiritual de la soledad y obtengo el éxtasis o arrobamiento y me quedo inmóvil, no siendo más que la unión transformante.

Por ello me retiro donde nadie pueda verme, y así llevo algún tiempo y me siento fuera de la realidad, rompiéndome los nudillos de las manos contra la pared cuando alguien me consulta y me encuentro en estado de abstracción, para escuchar y atenderle como debo.

Cuando viene a llamarme algún padre o lego a la cueva de las Peñas les digo que me dejen, por amor de Dios; que no estoy para tratar con gentes.

No me gusta que me vean absorto sin poder atender a nadie, porque no les oigo ni les siento. El padre Juan Evangelista me ha sorprendido en varias ocasiones cuando hago la oración bajo los árboles o recostado en la ventana de mi celda. Cuando estoy en maitines salgo del coro y me voy al claustro arrimado a un pilar, permaneciendo así y gozando de la visita del Señor hasta la mañana que vuelvo a mis ocupaciones de atender las obras del convento, las visitas de la Consulta como presidente de la misma durante tres meses, que el padre Doria se ausenta para visitar los demás conventos de la Reforma, resolviendo la oposición del padre Gracián y su grupo que son partidarios de régimen dictatorial sin consultores, provocando cierto malestar y que me obliga a tomar decisiones.

Con fecha 9 de noviembre escribo al padre Mariano, miembro de la Consulta, prior de Madrid, diciéndole que es conveniente que no pierda cuidado en que ningún sacerdote, ni no sacerdote, se le entremeta con los novicios, pues, como sabe su reverencia, no hay cosa más perniciosa que pasar por muchas manos y que otros anden traqueando a los novicios, entre otras advertencias y noticias.

Lo mismo hago a monjas, doy licencias para admitir novicias o para dar profesiones, confieso a las monjas de la ciudad, y a todos los que se dirigen espiritualmente conmigo les hablo del amor de Dios, que es eterno como Él. Antes de que existiésemos ya nos amaba y porque nos amaba nos creó y después que dejan de ser, durante la eternidad.

En algunas revelaciones hechas por Dios, Él dice que desea y anhela salir al encuentro de quienes ansían encontrarle, y se regocija y llena de alegría por la penitencia de sus siervos, más que el pastor cuando tropieza con la oveja que se le ha perdido. En el fondo de todo hombre está siempre la inclinación amorosa hacia Dios, que es su meta, como fue su principio.

Es en este año cuando los aragoneses se insubordinan y es derrotada la Armada Invencible en el verano de 1588.

El día 7 de junio de 1589 escribo a la priora de Córdoba:

> «Va ahí la licencia para las cuatro novicias; mire que sean buenas para Dios. Ahora quiero responder a todas sus dudas brevemente, que tengo poco tiempo, habiéndolas tratado primero con estos padres, que el nuestro no está aquí, que anda por allá. Dios le traiga.
>
> 1. Que no hay ya disciplina de varillas, aunque se reza de feria, porque aquesto expiró con el rezo carmelitano, que sólo era en ciertos tiempos y tenía pocas ferias.
>
> 2. Lo segundo, que no dé, en general, licencia a todas ni a ninguna para que, en recompensa de eso ni de otra cosa, se

discipline tres días en la semana. Sus particularidades, como suele, allá se las verá. Guárdese lo común.

3. Que no se levanten comúnmente más de mañana que manda la Constitución, esto es, la comunidad.

4. Que las licencias expiran expirando el prelado, y así ahora por ésta se la envío de nuevo para que puedan entrar en el convento, en caso de necesidad, confesor, médico, barbero y oficiales.

5. Lo quinto, que pues ahora tiene hartos lugares vacíos, que cuando fuese necesario lo que dice se puede tratar la duda de la hermana Aldonza. Encomiéndemela, y a mí, a Dios. Quédese con él, que no me puedo alargar más.»

Estos años que resido en Segovia sólo escribo cartas, que no dispongo del tiempo necesario para dar forma a los pensamientos que parecen nacidos con algún fervor de amor de Dios que recibe mi alma informada y movida a dejar por escrito lo que pienso; que de alguna manera es la misma abundancia del corazón.

Mi celda está junto al coro y apenas si quepo en ella, aun siendo pequeña mi estatura. Una tabla sujeta a la pared con un gozne la puedo utilizar de mesa.

Particularmente cuando veo se toca cosa de murmuración, lo cual aborrezco mucho, y cuando se dice algo contra religiosos, no lo puedo oír, y digo es la mejor gente que Nuestro Señor tiene en su Iglesia.

La madre Teresa decía que no tratemos mal a nadie por poco que sea, sino excusemos de ordinario toda murmuración. Sé que es arduo y costoso no caer en falta de mala crítica o murmuración, pero es preferible abstenerse de opinar mal y dar malos juicios y con ellos dañar al que está lejos, indefenso e ignorante de la opinión ajena.

En mi estancia en Granada oí decir un proverbio árabe que dice que se castigue a los que tienen envidia haciéndoles bien. Además, ¿quiénes son los que tienen por defensa la murmuración? Los más envidiosos, los fracasados. Por ello cuando llega a mis oídos algo que pueda molestar, herir o quitar el honor de alguien, me parece uno de los pecados más abominables y de perversa conciencia.

3

Al convento se acercan para consultarme don Juan de Orozco y Covarrubias, arcediano de Cuéllar y canónigo de la catedral de Segovia, que conozco desde hace años cuando la fundación de las Descalzas; el licenciado Diego Muñoz de Godoy, canónigo provisor, varón muy docto y, como el anterior, siervo de Dios, con quien trato mucho; el licenciado Miguel de Valverde, cura de Villacastín, y sobre todo con el doctor Villegas, canónigo penitenciario y confesor de las Descalzas. Y por otros asuntos no relacionados con el alma, como Juan de Viana, monedero de Segovia; Francisco de Urueña, nuestro barbero, que se niega a cobrar su trabajo y yo le correspondo obsequiándole con alguna prenda de vestir; carpinteros, canteros, padres de la Consulta, hermanos y gente moza; que les hablo sobre el camino de perfección, no siendo pesado a nadie.

Me holga ver regocijar a mis religiosos en las Pascuas, haciéndoles su altar del Nacimiento, cuando menos, poniendo por recuerdo en él alguna Virgen con su Niño en los brazos, con lo que me enternezco y hago enternecerse a los demás.

Y como se hace en el monasterio de Nuestra Señora de la Consolación de Calabazanos en Palencia por las monjas clarisas el auto de Gómez Manrique, los coristas, novicios y hermanos improvisan representaciones que ellos mismos escriben en verso, y yo les ayudo e intervengo.

Doña Ana de Peñalosa, a fin de estar cerca de las obras del convento que tan generosamente costea y seguir mis consejos espirituales, la noble señora ha pagado la compra de dos casillas con su cercado de álamos, que pertenecían al Hospital de la Misericordia. La compra ha sido hecha por la Consulta para vivienda de ella junto al convento y se las ha cedido mientras viva. Las escrituras están firmadas el 11 de agosto de 1589.

Una sobrina suya, doña Inés de Mercado, la acompaña siempre que viene al convento. Otras veces soy yo quien va a su casa y les entrego algunos libros de cosas del alma. Entre sus criadas hay una joven de quince años, nacida en Beas, Leonor de Victoria, que por sus muchos anhelos de servir a Dios terminará haciéndose religiosa.

El confesionario está debajo de la escalera de la iglesia vieja. Un día, Miguel de Angulo, vecino de Segovia, al abrir la puerta de la iglesia es deslumbrado por unos resplandores que brillan sobre mí, y esto le sucede por tres veces. Estando confesándose conmigo, me pregunta: «¿Qué luces son aquellas?» Le respondo: «Calle, bobo, no diga nada.» También observan estos resplandores como un áurea sobre mi cabeza otros testigos cuando se confiesan conmigo. ¿Será cierto que Dios me distingue con estos favores?

Lleguéme un día al arrabal de Zamarramala a tratar con Antón de la Bermeja de un poco de sitio que necesita el convento y hacer el contrato, y lo hice: que es hombre honesto y hermano terciario del Carmen.

Subo todas las semanas al convento de las Descalzas o cuando es menester mi presencia, llueva o nieve; que es mi deber atenderlas y dirigirlas en las cosas de su alma.

Entre las monjas están: la priora, María de la Encarnación; Isabel de Santo Domingo, Ana de San José, Mariana de la Cruz, Isabel de Cristo y una novicia que destaca por los inestimables tesoros de virtud que el Señor ha de gozar en esta alma, y así la amo tiernísimamente y me recreo de tratarla por su pureza y sencillez. Sólo tiene trece años, que por su mucha ternura la tengo predilección.

No debería manifestar mis sentimientos, pero me inclina hacia ella una fuerza interior que me empuja a recrearme en su espíritu que tanto me comprende y escucha con devoción mis consejos que hasta llora después cuando su inexperiencia y juventud le hacen difícil y costoso el camino de perfección.

Un día le digo si me quiere. Ella responde: «Yo, padre nuestro, le quiero a V.R. fingidísimamente.» Me hace sonreír y le pregunto: «¿De suerte, mi hija, que me quiere fingidísimamente?» «Sí, padre nuestro», me responde. «Pues yo la quiero mucho porque es predestinada», le contesto. Le he regalado una copia de las canciones de mi *Cántico espiritual* escritas por mi mano. Se las ha aprendido de memoria, las recita entre las novicias, las comenta...

No es obsesión estas ansias que me asaltan de exhortar a las religiosas que trato a que sean muy aficionadas a padecer por Cristo muy a solas y sin consuelo de la tierra; que no quieran otra cosa sino cruz a secas, que es linda cosa.

En mi convento me reúno con algunos jóvenes de Segovia como Jerónimo de Alcalá Yáñez y Ribera, Miguel de Angulo..., que les gusta de hablar conmigo para leer y explicarles los himnos y versos que a ellos tanto les complace, y que luego más de uno pide ingresar en la orden.

He mandado llamar a mi hermano, y a los dos o tres días de su llegada piensa volverse a Medina. Yo le insisto: «No tengáis tanta prisa; que no sabéis cuándo nos veremos.» Y se queda unos días más.

Es la primavera de 1591. Hemos acabado de cenar y salgo con mi hermano a la huerta. Quiero estar a solas con él y hablarle. No

Panorámica de Segovia desde la cueva de la Peña. *(Foto T. Pintos)*

sé cómo decirle o contarle un hecho singular que me aconteció aquí, en Segovia, en el convento. Mi hermano, que tan bien me conoce, advierte que intento hacerle partícipe de algo muy íntimo y me facilita el camino empezando él por abrirme su alma. Después rompo el silencio y lo que he guardado en secreto:

> «Quiero contaros una cosa que me sucedió con Nuestro Señor. Teníamos un cuadro con la imagen de Cristo llevando la cruz a cuestas en el convento, y estando yo un día delante de él, parecióme estaría más decentemente en la iglesia, y con deseo de que no sólo los religiosos le reverenciasen, sino también los de fuera, hícelo como me había parecido. Después de tenerle en la iglesia puesto lo más decentemente que yo pude, estando un día en oración delante de él, me dijo: "Fray Juan, pídeme lo que quisieres, que yo te lo concederé por este servicio que me has hecho." Yo le dije: "Señor, lo que quiero que me deis es trabajos que padecer por vos y que sea yo menospreciado y tenido en poco." Esto pedí a Nuestro Señor, y su Majestad lo ha trocado, de suerte que antes tengo pena de la mucha honra que me hacen tan sin merecerla.»

Estamos faltos hasta de lo más necesario y la pobreza general que hay en Castilla la sentimos en el convento de tal modo que algunas veces tengo que parar la nueva construcción y dedicar los dineros a remediar el hambre de mis frailes.

Mi afinidad con el padre Doria ha cambiado y sé que mis opiniones, respecto a su forma de gobierno, opuestas y decididamente contrarias a secundar sus deseos, me han perjudicado.

El día 1 de junio de 1591 nos reunimos para un nuevo capítulo en Madrid. No estoy conforme con las determinaciones que el padre Doria y la mayoría del capítulo para no contradecirle desean imponer. Tampoco hago juicios de valoración alguna, pero ya el año pasado, cuando me negué a secundar las intenciones del padre Doria, que me parece muy bien que él defienda y trate de imponer, que tan enardecidamente defendía por creerlas justas y eficaces, motivó ciertas reservas conmigo y hasta una postura adversa en todo lo que hago, por no ponerme de su parte.

Comprendo al padre Doria y a las monjas Descalzas. Ellas quieren depender de un superior descalzo, elegido, mas no de la Consulta que por demasiado trabajo retrasaría los asuntos pendientes de todas las comunidades de religiosas, que son muchas, y sobre todo porque temen que la Consulta aumente las leyes y altere las de su fundadora, la madre Teresa de Jesús.

No piden más que se les nombre un superior descalzo que las dirija, pero sin mediar la Consulta. En una visita que el padre Doria había hecho al convento de Madrid, las había prometido, más por cortesía que por conformidad, ante la insistente petición de la priora, Ana de Jesús, que en nombre de otras religiosas agilizan este asunto, para solicitar del Papa un breve, y que confirme dicha propuesta. El padre Doria le responde que si no hubiere quien fuese por él, iría él mismo a pie y descalzo. Mas no lo solicita, pasando el tiempo sin dar respuesta a las monjas.

Al ver las religiosas la falta de interés de la Consulta, toman la decisión de encargar dicho asunto a un sacerdote, Bernabé de Mármol, pariente del padre Gracián, para que solicite a Sixto V el breve.

Con fecha 5 de junio de 1590 el Santo Padre autoriza dicha petición, de cuyo documento cito algunos párrafos:

> «Estatuimos que sólo el vicario general de la Orden y la Congregación dicha sea superior de las dichas monjas... El cual... tenga voz en el capítulo y lugar después del vicario general... Por lo cual inhibimos a otros cualesquiera provinciales o religiosos, aunque sean consiliarios de la dicha Consulta y Religión, y también a los ordinarios de los lugares, que no se entremetan en el gobierno de las dichas monjas o monasterios con cualquier pretexto que sea...»

El padre Doria no perdona que se obrara a sus espaldas sin que se contara con los superiores de la Consulta y sí lo hicieran con fray Luis de León y don Teutonio de Braganza. Todo esto enciende los ánimos del padre Doria en contra de las religiosas, proponiendo en el capítulo olvidarse de las monjas para todo. No me parece justo y rechazo públicamente dicha postura de revancha, impropia de nuestra labor como religiosos y guardianes del espíritu de la Reforma.

La madre María de la Encarnación, Descalza en Madrid, me comunicó que alguna de las prioras de cinco o seis casas que habían sido compañeras de la madre Teresa de Jesús pidieron a la madre Ana que lo comunicase con personas graves y letrados si sería bien sacar breve de Su Santidad para que las Constituciones de las monjas no se alteraran, ni el modo de gobernarlas, y que sólo el provincial y visitador conociese de sus faltas, y que de ninguna manera fuesen a la Consulta.

Entre tanto, las monjas me proponen para comisionario suyo o visitador, lo mismo que al padre Gracián y al padre Doria. Entérase el vicario provincial de que es el padre Gracián el que está moviendo e impulsando el asunto de las monjas desde Lisboa, y piensa que yo estoy conforme a espaldas suyas y de la Consulta y me considera sin más informes enemigo suyo, poniéndose en guardia contra mi persona.

Que pidiesen asimismo al Papa mandase a la Consulta que me diesen por prelado y visitador de monjas, que fui el primer descalzo y compañero de nuestra madre Teresa en casi todas sus fundaciones que hizo, ha molestado al padre Doria y a su grupo de colaboradores, y hasta dicen de mí que conspiro contra ellos.

La falta de conocimiento verdadero del propio valor produce esa inferioridad crítica respecto a los demás entre los propios religiosos.

Con el pretexto de asistir al capítulo y encontrarme en Madrid, aprovecho para visitar a las Descalzas de Cuerva. A mi paso por Toledo me acompaña desde allí el padre Andrés de Jesús. En una parada en el camino, me interno entre la espesura de los árboles para hacer oración, mientras el padre Andrés cuida de las cabalgaduras.

¿Podré manifestar con palabras lo que Dios me hace sentir, lo que me hace desear? He vuelto a perder la conciencia de mi propio ser y esta vez ha sido diferente. Si hubiera maestro que me ayudara y descubriera los defectos de mi alma y me librara del yugo de mis apetitos, lo buscaría; que soy hombre y no me siento impecable cuando me entristezco por el comportamiento que tienen mis hermanos en religión ignorantes de la verdad, y de que yo no busco el enfrentamiento, sino lo mejor para todos, ni merecedor de tan altas y extrañas mercedes que Dios hace a mi alma porque a Él le da en regalar.

¿Qué me ha sucedido? A la puesta del sol, viendo el padre Andrés que no regreso y que es mucho el tiempo que me espera, viene a mi busca encontrándome en éxtasis, elevado sobre la hierba. Cuando vuelvo en mí le pido que no lo cuente; que ni yo mismo sé por qué Dios me concede estas gracias que yo no merezco.

El criterio que manifiesto en favor del padre Gracián en el proceso que el padre Doria lleva personalmente con todas sus consecuencias para acabar con él me perjudica y nos pone distantes.

Yo les digo a los miembros de la Consulta y del capítulo que ya que nosotros hemos levantado la caza, debemos correrla sin dar parte a nadie, que dañaría a la Reforma. No atienden mis razones y noto cómo intentan apartarme de esta rencilla, a la que yo me opongo rotunda y valientemente. El capítulo general se desarrolla con tirantez y no como debiera.

El padre Doria siempre me ha tenido en grande estimación y aprecio. Jamás tuve encuentro con él, sino mucha amistad y buen crédito. Tampoco estoy conforme con la conducta del padre Gracián, que no debe lastimar al padre Doria ni a su gobierno; que ante todo y sobre todo debe obedecer y practicar la humildad, que es lo propio de un buen religioso descalzo, y sí estoy conforme con que salga de la orden.

Me parece excesivo el afán tan estricto del padre Doria por que se cumplan las más de trescientas leyes que ha impuesto durante su mandato, y aunque algunos capitulares opinan igual que yo, bien se guardan de hacer comentarios cuando debieran: me dejan solo y se ponen del lado del vicario, por debilidad o por conveniencia, que no me corresponde juzgar a ninguno, encontrándome solo para manifestar lo poco acertado que es lo que con tanto ardor defienden para ganarse el favor, o no perderlo, del vicario.

El resultado que obtengo es quedarme sin oficio ni cargo alguno. El padre Gregorio de San Ángelo y el mismo padre Doria me dicen que han tomado esa decisión por evitar el comisariato de las monjas, ya que sólo me quieren a mí por comisario.

Ignoro los motivos (porque éstos no me satisfacen) que tienen el padre Doria, en primer lugar, que cuando andaba el ruido e inquietud del breve de las monjas yo no intervine en ello; los definidores, que en ocasiones de pareceres tengo algunos dares y tomares con uno de ellos, y el padre Diego Evangelista, que todavía no ha olvidado mi toque de atención ante su falta y disipación de cumplir con nuestras reglas de Carmelitas Descalzos.

He hablado en los tres puntos de la manera que siempre; no como algunos, que en el cónclave, delante de Doria, celebran sus decretos, y fuera los murmuran: Flaqueza que ni aun a los viejos perdono; que no es propio de los que servimos a Dios fermentar el engaño ni la conspiración a quienes buscamos la verdad. Donde no hay caridad no puede haber justicia, como dice San Agustín, que tanto me anima y acompaña con sus escritos en estos momentos de incomprensión y adversidad. Mas, quiero sosegarme y apartar de mí toda justificación que desate la tristeza en mi alma; que no se sienta incómodo el Amado. Debo rectificar esta rebeldía por mi parte frente a la contrariedad y vaciar el espíritu de todo lo que no es Dios para lograr su continua presencia.

4

Alejándome de toda influencia con frailes y monjas, piensan que lo más acertado es enviarme a México, atendiendo así la reciente petición al capítulo de doce religiosos descalzos. Yo me ofrezco, y de este modo evitar nuevos roces, aunque mi salud no sea buena. Así que en Madrid, el 25 de junio de 1591 años, estando juntos los padres vicario general y los definidores, vista la demanda de los padres de la provincia de México de la Nueva España, en que piden que se les envíen un docena de religiosos, y el ofrecimiento que he hecho a todo el capítulo, y que iría de buena gana allá, enviándome, propónese que se envíen los doce padres a México y se acepte mi ofrecimiento para esta jornada, y se envíen otros once, que sean tales cuales la provincia de México pide y vayan de su voluntad.

Disuelto el capítulo, han pasado unos días cuando llega de Roma un breve de Gregorio XIV cambiando las disposiciones del que envió Sixto V. El padre Doria ve reforzados sus planes, ya que se elimina el cargo de visitador de las monjas, por lo que ya no soy motivo de preocupación.

De nuevo el padre Doria me dice que vaya a gobernar por vicario la casa de Segovia, pues yo la he labrado y acomodado y la acabaría de componer con doña Ana de Peñalosa. Pero yo me niego a tomar cargo alguno; que lo que más deseo es la fuga o aislamiento, físico o moral, a la vez del mundo, porque toda familiaridad o trato íntimo con Dios, que la presencia divina implica, precisa el alejamiento de las criaturas, la soledad.

Al enterarse las monjas de mi destitución en el capítulo, elevan su malestar y se inquietan por mi situación injusta, a la que he sido obligado.

El 6 de julio contesto desde Madrid a la madre Ana de Jesús (Jimena):

> «Jesús sea en su alma. El haberme escrito le agradezco mucho, y me obliga a mucho más de lo que yo me esperaba. De no haber sucedido las cosas como ella deseaba, antes debe consolarse y dar muchas gracias a Dios, pues habiendo Su Majestad ordenándolo así, es lo que a todos más nos conviene; sólo resta aplicar a ello la voluntad, para que, así como es verdad, nos lo parezca; porque las cosas que no dan gusto, por buenas y convenientes que sean, parecen malas y adversas, y ésta vese bien que no lo es, no para mí ni para ninguno, pues que para

> mí es muy próspera, por cuanto con la libertad y descargo de almas puedo, si quiero, mediante el divino favor, gozar de la paz, de la soledad y del fruto deleitable del olvido de sí y de todas las cosas; y a los demás también les está bien tenerme aparte, pues así estarán libres de las faltas que habían de hacer a cuenta de mi miseria.
>
> Lo que ruego, hija, es que ruegue al Señor que de todas maneras me lleve esta merced adelante, porque todavía temo si me han de hacer ir a Segovia, y no dejarme tan libre del todo, aunque yo haré lo que pudiere por librarme de esto; mas si no pudiera ser, tampoco se habrá librado la madre Ana de Jesús de mis manos, como ella piensa, y así no se morirá con esa lástima de que se acabó la ocasión, a su parecer, de ser muy santa. Pero ahora sea yendo, ahora quedando, doquiera y como quiera que sea, no la olvidaré ni quitaré de la cuenta que dice, porque de veras deseo su bien para siempre.
>
> Ahora, entre tanto que Dios nos le da en el cielo, entreténganse ejercitando las virtudes de mortificación y paciencia, deseando hacerse en el padecer algo semejante a este gran Dios nuestro, humillado y crucificado; pues que esta vida, si no es para imitarle, no es buena. Su Majestad la conserve y aumente en su amor, amén, como a santa amada suya.»

Mi estado de salud no es todo lo bueno que debería y pido a Dios la gracia extraordinaria otorgada por Él a las almas escogidas. Quiero decir de presencia de representación imaginativa o fantástica del Amado, bajo forma corpórea. Me siento débil y con pena, mas recibo el consuelo de mis hijas las monjas, que sufren conmigo esta adversidad que me hace consciente de que soy débil.

A la priora de Segovia, María de la Encarnación, escribo el mismo día:

> «Hija, no le dé pena; que ninguna a mí me da. De lo que la tengo muy grande es de que se eche culpa a quien no la tiene; porque estas cosas no las hacen los hombres, sino Dios, que sabe lo que nos conviene y las ordena para nuestro bien. No piense otra cosa sino que todo lo ordena Dios. Y a donde no hay amor, ponga amor, y sacará amor.»

Ha llegado el momento de la revancha, y el padre Diego Evangelista, recién nombrado definidor, no pierde ocasión de tomársela. Cuando hablo con los frailes en el recreo sobre temas del espíritu, que nunca sabemos suficiente, y me escuchan con admiración, este joven padre, impetuoso y lleno de razones, como si estuviese en los púlpitos de Sevilla, como entonces, el padre Diego Evangelista me increpa de malas maneras, sin modales ni respeto a mis años, y con palabras injuriosas me ordena que me calle. Yo le obedezco y, con cierta mansedumbre o paciencia o con una mirada inteligente que todos los que me rodean comprenden, me retiro a otro lugar apartado. Y se enardece más ante mi postura y grita con el único fin de justificarse.

Siento una constante persecución, mas no hablo de ello con nadie ni guardo rencor alguno. Sé que están haciéndome daño y conspiran sobre mi persona. Lo siento más por el mal ejemplo que puedan recibir los frailes más jóvenes y menos preparados a estas absurdas rencillas conventuales que por lo que me lastima. Hasta me han puesto un padre que me vigila por orden del prior, el padre Mariano, sobre todo cuando hago alguna visita pastoral, voy a confesar o simplemente acudir a la casa de doña Ana de Peñalosa, que se ha trasladado a Madrid y vive con su hermano don Luis de Mercado, oidor del Consejo Real e inquisidor de la Suprema. ¿Tanto me temen los buenos y graves padres descalzos?

Entre tanto, el padre Diego Evangelista reúne informes difamatorios sobre mi conducta y pretende presentarlos al vicario general. ¿No estará todavía satisfecho? Es tan inexperto que su confabulación se volverá contra él mismo, que tanto empeño tiene en llenarme de injurias. Hacerle caso mostraría desconfianza de mis acciones y encender el fuego de su engaño. No haré comentario alguno y así restaré importancia a este asunto, que me hace pasarlo mal, y no comprendo que un cristiano, además fraile, perjudique a su hermano hundiéndole sin consideración alguna en el peor de los desamparos, humanamente hablando.

En el convento de San Hermenegildo de Madrid, por indicación de mis superiores, decido marcharme a Andalucía. Al despedirme de las Descalzas de Madrid, una monja me dice: «¡Dónde se ha de ir vuestra reverencia, padre!» Le respondo: «Hija, entre las piedras me hallo mejor que con los hombres.»

Doña Ana de Peñalosa está confundida ante mi inesperada ida a La Peñuela. Llora y tengo que aguantarme para que no se dé cuenta de lo mucho que sufro al despedirme: «Quédese, hija, con Dios; que yo me voy», le digo. «¿Cómo se va y me deja?», me pregunta. «Hija, no tenga pena, que enviará por mí y me traerá.»

Poco después voy a Segovia y hago lo mismo con mis hijas Des-

Convento de las Descalzas Reales, Madrid. Grabado de Ioanes Mínguet
(Foto Archivo Espasa-Calpe)

calzas. Debo estar muy desmejorado cuando la priora, la madre María de la Encarnación, me dice: «¡Válgame Dios, padre, y cuál viene vuestra reverencia!»

También me despido de Francisco de Urueña, el barbero del convento. El camino hasta La Peñuela es incómodo, y aunque hago parada en Toledo y en otros pueblos, el mucho calor y las pocas defensas que tengo por lo flaco que estoy hacen que me halle molesto y agotado.

Una vez que llego al convento de La Peñuela, escribo al provincial, el padre Antonio de Jesús: «Padre, yo he venido a ser súbdito de vuestra reverencia. Vuestra reverencia vea lo que quiere que haga y dónde tengo que ir.» Me contesta diciéndome que elija la casa que más me satisfaga en la provincia y me vaya a ella. Yo le respondo: «Padre, yo no vengo a hacer mi voluntad ni a elegir casa. Vuestra reverencia vea dónde quiere que vaya, y allí iré.»

Estoy ya cosa de dos meses en La Peñuela, y estoy con gran consuelo y regalo de mi alma. En plena Sierra Morena, entre monjes de vida austera y penitente. Sólo es sacerdote el vicario, y el resto, novicios. Han plantado una viña, un olivar, y hay suficiente tierra de labranza para la siembra del trigo. Aquí no es difícil la vida contemplativa apartado del mundanal ruido. Es cierto que en esta soledad me hallo muy bien y me dedico plenamente a cultivar las cosas del espíritu con la oración y escribo un libro sobre los milagros falsos y milagros verdaderos de las imágenes de Guadalcázar. También redacto de nuevo unos libricos sobre las canciones de la *Llama de amor viva*.

La cama que uso en mi celda es de unos manojos de romero tejidos y de sarmientos a modo de zarza. Aunque estoy enfermo, como igual que un novicio: un pan con habas y cebada mezcladas con trigo y unas hierbas cocidas.

En acabando por la mañana de decir misa, gasto el tiempo, levantándome antes que sea de día y voy a la huerta para hacer mi oración. Para todo pido permiso del superior. A veces subo hasta una fuente rodeada de árboles, donde paso algunas horas hasta que oigo la campana del convento.

Además, hago mi labor apostólica en Linares, que está a unas tres leguas de camino, acompañándome el paciente hermano Martín de la Asunción, que tanto sabe de viajes a mi lado por Andalucía cuando iba como visitador.

Durante el tiempo que permanezco en este lugar apartado acon-

Fachada de la iglesia de los Carmelitas Descalzos. Segovia. *(Foto T. Pintos)*

tecen algunos sucesos que los monjes dan por milagrosos, como el estar a punto de perecer abrasados por un incendio accidental provocado por el hermano Cristóbal al ir a quemar los rastrojos secos tras la siega, y salvarnos, dicen que por mediación mía; la desaparición de una furiosa tormenta que amenazaba con destruir el viñedo y olivar, y la curación repentina del hermano Juan de la Madre de Dios.

Este monasterio ayuda a la oración, escondido de lugares y gentes. Aquí es fácil conseguir la perfección moral y la santidad, cimentadas en el ejercicio de las virtudes, más que en divinos favores, raptos y éxtasis.

Al prior le comento que hay que hacerles ponderar a los novicios el valor de las virtudes como fin y meta de la perfección, como simples enlaces para conseguir la unión extática, enriquecimiento del alma, el abandono en Dios, tras el que perdemos conciencia y voluntad.

¿Me habrá otorgado mi Señor el carácter natural o sobrenatural de los fenómenos místicos? Su procedencia es de Dios, no del demonio ni de mi naturaleza débil y temperamento; que todas estas gracias, dadas gratuitamente, Dios puede darlas a los que se lo merecen. ¿Merezco yo estos favores?

Al padre Juan de Santa Ana, al que he encargado vaya por los conventos y recoja firmas de los sacerdotes religiosos voluntarios para las misiones de México (en el capítulo me nombraron visitador de Indias), respondo a sus cartas después de muchos días, agradeciéndole la diligencia que ha hecho en lo que le había pedido, y que me había desconcertado la ida de Indias y me he venido a La Peñuela, donde estoy enfermo, para embarcarme para otras Indias mejores, y que aquí pienso acabar los pocos días que me quedan de vida y preparar el matalotaje para la embarcación y otras recomendaciones acerca de esto. El padre Juan de Santa Ana está en Granada.

Mientras, el padre Diego Evangelista ha iniciado un proceso difamatorio en contra mía. Ha sido autorizado por el definitorio para acabar las informaciones del pleito contra el padre Gracián, y para acelerar el mío aprovecha indagaciones y da forma a su escrito deshonroso.

Todos conocen en La Peñuela la conspiración vergonzosa de la que soy víctima, y el prior me aconseja que no aguante más y eleve una protesta ante el vicario general.

Paso muchos trabajos, dudas y aflicciones a consecuencia de esto, y las noticias que llegan sobre mí no pueden ser más desoladoras, terribles, proferidas por una mente despreciable, capaz de tanta ignominia.

Es joven el padre Diego Evangelista, dejándose llevar por la cólera y su poca prudencia. A las preguntas que me hacen yo no hago comentarios, ni me defiendo; que es más digno ante Dios huir de la injuria en silencio, y no quiero oír a persona alguna que se diga se hace mal conmigo o que me persiguen, diciéndoles que conmigo se hace mejor que yo merezco. No consiento que se hable de quien me procura tales trabajos; que Dios es el que me los envía.

5

El padre Juan de San Ana, que sigue en Granada reuniendo a los religiosos que me acompañarán a México, se ha enterado de lo que se está gestando en contra mía y me escribe diciéndome que hasta se dice van a quitarme el hábito. Lo más rápido que me es posible le contesto:

> «Hijo, no le dé pena eso; porque el hábito no me lo pueden quitar sino por incorregible o por inobediente, y yo estoy muy aparejado para enmendarme en todo lo que hubiere errado y para obedecer en cualquier penitencia que me dieren.»

Qué desconsideración y poco tacto el del padre Diego Evangelista, que va exigiendo pruebas de culpabilidad para deshonrarme y echarme de la orden. Se vale de todo medio para conseguir testimonios, atemoriza a las monjas de Granada, les hace tentadoras ofertas, las amenaza, las intimida, las acosa y hasta escribe declaraciones falsas, inventadas con la peor intención, sin importarle utilizar el descrédito y la calumnia. Afirma que ha visto en mí cosas que a nadie le habían pasado por el pensamiento y escoge como partícipes de mis ocultos desenfrenos a mis queridas monjas de Granada, informando con astucia y perversión de mis relaciones espirituales y de mis consejos e interés por ellas. Las pobres, asustadas, han quemado todas las cartas que tenían, como epístolas de San Pablo y cuadernos espirituales altísimos, una talega llena; y como son los procesos tantos, han mandado quemarlo todo, porque no fuesen a manos del tal visitador, y han deshecho y abollado mis retratos.

En una carta a la priora de Caravaca, Ana de San Alberto, escribo:

> «Hija mía, ya sabrá los muchos trabajos que padecemos. Dios lo permite para gloria de sus escogidos. En Silencio y esperanza será nuestra fortaleza. Dios la guarde y haga santa. Encomiéndeme a Dios.»

Van y vienen cartas de esto al definitorio... No les importa mi honor y estalla el más ruin de los escándalos. ¿Será cierto que en las adversidades sale a la luz la virtud?

No todos quedan impasibles ante la persecución de que soy objeto. El padre Diego Evangelista me ha levantado tantas cosas, que, queriendo probar algunas por orden de una señora, se ha vuelto la misma señora contra él, tratándole mal y volviendo por mí, denunciando indignada a los prelados el comportamiento y acusaciones del visitador.

El informe llega al padre Doria, y en presencia del secretario, el padre Gregorio de San Ángelo, dice: «Ni el visitador tenía la misión para meterse en esto ni lo que él aquí pretendió inquirir cabe en el padre fray Juan.» Archivan el legato, y el padre Diego Evangelista sigue su labor difamatoria por donde quiera que va.

Tan desagradable y humillante asunto me produce malestar y mi salud se resiente de tal modo que comienzo a sentir unas calenturillas a causa de la inflamación de la pierna derecha. El padre Francisco de San Hilarión, que padece lo mismo, me propone irnos a Baeza, que allí hay médicos y medicinas, y es donde acuden los enfermos de La Peñuela.

El mismo prior, fray Ángel de la Presentación, me lo aconseja; pero yo desisto. Además, deseo morir donde fuese menos conocido y estimado. Pido morir siendo humilde súbdito. Es tanto el deseo que tengo de trabajos, que pido supliquen a Dios me conceda dos cosas: la una, que muera sin oficio de prelado; la otra, que me dé trabajos que padecer por su amor y el purgatorio en esta vida. Y decido irme a Úbeda, que allí no me conocen.

Hasta que no me lo ordenan no me preparo para irme a Úbeda. El padre Juan de la Madre de Dios, que ha llegado de Úbeda como vicario del convento en ausencia del prior, me lo manda. Yo le respondo: «Pues si es obediencia, vamos.»

El día 21 de septiembre de 1591, un día antes de mi partida, escribo a doña Ana de Peñalosa:

Iglesia de El Salvador. Úbeda. *(Foto Archivo Espasa-Calpe)*

«Jesús sea en su alma, hija. Yo recibí aquí, en La Peñuela, el pliego de cartas que me trajo el criado. Tengo en mucho el cuidado que ha tenido. Mañana me voy a Úbeda a curar de unas calenturillas, que, como ha más de ocho días que me dan cada día, paréceme habré menester ayuda de medicina; pero con intento de volverme luego aquí, que, cierto, en esta soledad me hallo muy bien; y así de lo que me dice que me guarde de andar con el padre fray Antonio, esté segura que de eso y de todo lo demás que pidiere cuidado me guardaré lo que pudiere.

Heme holgado mucho que el señor don Luis sea ya sacerdote del Señor; ello sea por muchos años, y Su Majestad le cumpla los deseos de su alma. ¡Oh, qué buen estado era ése para dejar ya cuidados y enriquecer aprisa el alma con él! Déle el parabién de mi parte; que no me atrevo a pedirle que algún día, cuando esté en el sacrificio, se acuerde de mí, que yo, como el deudor, lo haré siempre; porque, aunque yo sea desacordado, por ser él tan conjunto a su hermana, a quien yo siempre tengo en mi memoria, no me podré dejar de acordar de él.

A mi hija doña Inés dé mis muchas saludes en el Señor, y entre ambas le rueguen que sea servido de disponerme para llevarme consigo. Ahora no me acuerdo más que escribir, y por el amor de la calentura también lo dejo, que bien me quisiera alargar.»

Hasta el 28 de septiembre de 1591 no salgo desde La Peñuela para ir a Úbeda. Enfermo y con horribles dolores en la pierna, monto en el machuelo que ha traído el padre Juan de la Madre de Dios y lo ha proporcionado Juan de Cuéllar, acompañándome también el mismo mozo que vino con el padre desde Úbeda.

El viaje es molesto debido al estado en que me hallo, y uno de los descansos lo hacemos al amparo del puente de Linares, junto al río Guadalimar. Hace tres o cuatro días que no puedo comer y tampoco siento ganas. Al ponerse el mozo a reponer fuerzas y sacar algo de comer, me vuelve a preguntar si comería algo. Yo le digo: «Unos espárragos, si los hubiera.» El mozo ve sobre una piedra del río un manojo de espárragos trigueños. Le digo que busque al dueño. Al no encontrarle, insisto: «Id y tomadlos y poned una piedra donde está y sobre ella cuatro maravedís, no se vea defraudado el supuesto dueño.» Y así lo hace, continuando nuestro viaje hacia Úbeda.

Es una ciudad amurallada como todas las que son importantes, árabe en su estructura, con su palacio, morada del marqués de Pescara, capitán de Carlos V, y como en otras ciudades principales la

Basílica levantada en el lugar en el que murió San Juan de la Cruz. Úbeda.
(Foto Archivo Espasa-Calpe)

ostentación de la prelacía y los ricos señores a la vez que la pobreza en sus habitantes, bastante menos que en Castilla. Úbeda, como las otras ciudades de España que han recibido las costumbres agrícolas y usos de moros y judíos, empieza a sentir la expulsión de los mismos y la falta de labradores.

Se ha construido el Hospital de Santiago y me han hecho grandes elogios de sus médicos.

Al lado del barrio de los gitanos, sobre la muralla de levante, al extremo sudeste de la ciudad, reducido y pobre, está el convento de los Descalzos, fundado el año 1587.

Soy recibido por algunos frailes que ya conozco de otras fundaciones, como el padre Alonso de la Madre de Dios, el subprior, el padre Fernando de la Madre de Dios, el padre Bartolomé de San Basilio y el prior, fray Francisco Crisóstomo, que por lo mismo que al padre Diego Evangelista tuve que amonestar.

Están los religiosos exasperados con la condición y poca experiencia del prelado, que hay poca paz. El prior tiene un carácter seco y amargado, no sabe gobernar con acierto, siempre con el propósito firme de llevar a todos violentamente por el camino de la perfección, su perfección. Es rigidísimo y tiene particular oposición con los que tienen fama de santos. No tiene la virtud de la caridad para con nadie, y esto me recuerda a fray Luis de León, que decía que la caridad es la belleza del alma. Debe de pasarlo mal; que es hombre de ciencia y sabe del rechazo y el descontento de los frailes. Me recibe mal y lo entiendo, que debí mortificarle en su amor propio cuando le llamé al orden siendo yo vicario provincial de Andalucía. Me designa la más pobre y estrecha celda, sin tener en consideración mi delicada enfermedad, obligándome a los actos de comunidad. Todos los religiosos saben que está resentido, pero estas cosas no deberían fomentarse entre hombres que desean la virtud.

La enfermedad va empeorando y pido excusas para no ir al refectorio. El prior me hace llamar y me reprende en público para más humillación. No puedo mantenerme en pie. Se me ha hinchado una pierna, y mandando el médico que me diesen un baño de agua tibia, el enfermero me dio el agua un poco más caliente que era menester; de donde resultó que toda esta hinchazón se me ha quedado y cuajado aquí con una dureza muy grande, de lo cual procedió hacérseme cinco llagas: la primera y más grande, en el pie en el lugar del clavo que atravesó a Nuestro Señor; las otras cuatro me las abrió el médico.

Padezco grandísimos dolores, por tener las llagas muy hondas y profundas y en partes nerviosas, y que me entran muchas hilas. He caído en la humilde tarima y no me volveré a levantar. Resignado y entregado a Dios, cierto día que el cirujano, Ambrosio de Villarreal, me estaba sajando la pierna, le pregunto: «¿Qué ha hecho vuestra merced, señor licenciado?» «Hele abierto a vuestra reverencia el pie y la pierna, ¿y me pregunta qué le he hecho?», me responde. «Si es menester cortar más, corte enhorabuena y hágase la voluntad de mi Señor Jesucristo.»

En medio de las curas y dolores tengo puestas las manos en oración, y que más estoy en la otra vida que en ésta; que sufro tan terribles curas y debo soportarlas con paciencia y fortaleza, que si Dios me ayuda, padeceré con agrado por Él, que antes lo hizo por todos.

El hermano Diego de Jesús está encargado de vaciar las dos o tres tazas llenas de pus, sin mostrar repugnancia, por la mañana, y otras tantas por la tarde.

Doña María de Molina y sus dos hijas, Catalina e Inés de Salazar, han tomado la carga de lavarme las vendas, hilas y paños que uso en las curas, y es el hermano Pedro de San José el que las lleva y las trae.

Las dolencias son inaguantables y siento cómo voy empeorando y la enfermedad destruyendo mis tejidos. Muchos son los que se interesan por mí, entre ellos el hermano del subprior, el padre Fernando de la Madre de Dios, don Bartolomé Ortega Cabrio. Doña Clara de Benavides, su esposa, es la que me proporciona las vendas que da al doctor Villarreal para que él mismo las traiga. También envía al convento a una niña de catorce años, sirvienta suya, María de Ortega, con la comida. Mas tanto regalo no puede ser edificante y prefiero que me preparen la comida en el convento.

Al padre Fernando le ruego que dé las gracias de mi parte a su familia, a su cuñada, a la que no conozco, y a su hermano, por las tantas atenciones y finezas que tienen conmigo.

Don Bartolomé viene todos los días a verme y muchas de las veces con su hijo Francisco, que tiene sólo nueve años. También lo hacen Juan de la Peñuela, que además asiste a muchas curas; Cristóbal de la Higuera, Juan de Cuéllar, Salvador de Quesada y el doctor don Lope de Molina, sacerdote.

Acuden a preguntar por mí hasta de Baeza, María de la Paz, que no la permiten entrar a clausura y verme. Las Descalzas de Sabiote envían paños de lienzo y enseres para aliviar mi enfermedad. El padre Bartolomé de San Basilio me dice que doña María Bazán, hermana del marqués de Santa Cruz, ha conseguido autorización del provincial para llevarme a Baeza y cuidarme, pero yo le respondo que bien estoy aquí.

El doctor Robres me hace algunas curas y viene a verme por su cuenta. No debo quejarme; que debo suavizar, a los que me atienden, los muchos ratos malos que les hago pasar a causa mía. ¡Hasta cuándo, Dios mío, me tendrás aguardando tu presencia fuera del amanecer que rompa esta otra noche larga y oscura sin estrellas y como única luz el sufrimiento!

El hermano Pedro de San José está pendiente de mí, regalándome con su compañía cuando estoy solo y aumentan los muchos dolores.

Un día que los frailes han salido del convento para acompañar a un entierro, el hermano Pedro sube a la celda y me pregunta: «Padre, ¿quiere que le traiga unos músicos para que se distraiga y se aliente?» Le respondo que sí, que me gustaría. Sé que lo hace por aliviarme, y yo no debo despreciar tal gentileza; que más se ofende por desatención que por cortesía. Al momento aparece con tres músicos, niños, de la casa de don Fernando Díaz, que se disponen a poner a tono sus vihuelas. Mas no debo ni quiero permitirme tales gustos y llamo al hermano Pedro, diciéndole: «Hermano, muy agradecido estoy de la caridad que me ha querido hacer y lo estimo en mucho, pero no será razón que, queriéndome Dios regalar con estos grandes dolores que padezco, yo lo procure templar y moderar con música y entretenimiento; y así, por amor de Nuestro Señor, les agradezco a estos señores la caridad y buena obra que me quieren hacer, que doy por recibida, y regálelos y despídalos; que yo quiero padecer estos regalos y mercedes que Dios me hace sin ningún alivio, para más merecer con ellos.»

Los niños me preguntan que por qué les despido tan pronto. Yo les respondo: «Porque Nuestro Señor no diga que con cosa de la tierra quiero olvidar los dolores que Su Majestad me da.»

No es la primera vez que llegan músicos a la celda. También me los ha traído don Cristóbal de Villarreal con el padre Bartolomé de San Basilio, y esa vez sí que tocaron hasta el fin, mientras yo, con los ojos cerrados, me ocupaba de otra mejor música.

6

¿Por qué se venga de mí el prior, fray Francisco Crisóstomo, que no puedo sobrellevar esta horrible enfermedad, no me valgo por mí mismo y dependo de la caridad de sus buenos sentimientos?

Sé los muchos gastos y molestias que estoy ocasionando a la comunidad, pero yo ni pido ni exijo nada. Si los vecinos de esta ciudad preguntan por mí y están pendientes de mi pobre salud, benditos sean; que yo no hago por merecerlo.

Uno de los días que llega a verme el padre fray Diego de la Concepción, prior de La Peñuela, advierte el disgusto que manifiesta claramente fray Francisco Crisóstomo por tenerme enfermo y por lo que se gasta en comida. Fray Diego le recrimina que no me atiende lo necesario, que él me ayudará desde La Peñuela. Y poco después envía cuatro fanegas de trigo para la comunidad y seis gallinas para que me sobrealimenten, que me he quedado en los huesos y tengo mucha debilidad.

Cuando viene el prior a la celda me increpa con dichos y palabras que me hacen daño mortificando mi sensibilidad y me recuerda todo lo que hubiese hecho mal que me produzca malestar. Ha prohibido a los frailes que me visiten sin su consentimiento, que lleven a lavar las vendas y otras simplezas que no consigue superar a los angustiosos dolores que se han tomado plaza en este cuerpo que se va deshaciendo lentamente. Hasta me ha quitado a mi enfermero, el hermano fray Diego de la Virgen, que duerme en la misma celda para atenderme y cuidarme, haciéndolo con tanto amor y afecto, que al prior le molesta, y alegando una orden precisa le manda otros menesteres, que bien sabe es uno de los enfermeros que mejor me atiende.

El padre Alonso de la Madre de Dios se disculpa y se lamenta de que no puedan atenderme como debieran hacerlo, porque el prior no les da lo suficiente ni lo que necesito porque dice que están pobres. Algunos religiosos salen a la calle para conseguir alimentos y medicinas. «Bendito sea Dios —le contesto al padre Alonso—, pues tiempo vendrá que tenga este convento lo que hubiese menester.»

El hermano fray Bernardo de la Virgen no pierde el tiempo en súplicas, que de nada le van a servir con el prior, y escribe directamente al provincial de Andalucía, el padre Antonio de Jesús, informándole del absurdo y mal intencionado comportamiento del padre, fray Francisco Crisóstomo. Mi antiguo compañero de Duruelo no se hace esperar y acude a verme, reprendiendo severamente al prior, ordenando al hermano Bernardo que siga conmigo de enfermero y que me compre todo lo que necesite, pida dineros si no los tiene, que luego él lo pagará todo con dineros de la provincia. Manda también a los religiosos que me visiten.

Al padre Antonio de Jesús, ya viejo, le acompaña el padre Agustín de San José. Con ellos también acuden algunos frailes a la celda. Al verme postrado y tan desfallecido, me dice el provincial: «Padre, mañana hace veintitrés años que comenzamos la primera fundación.» ¡Cuántos trabajos y sinsabores pasamos al principio! Le interrumpo para que se calle. «Padre, ¿ésa es la palabra que me ha dado de que en nuestra vida no se había de tratar ni saber nada de eso?» Ha estado cuatro o seis días en este convento regalándome, y ha ordenado que todos me visitasen y me acudiesen en todo lo que fuese posible.

El hermano Bernardo derrocha paciencia conmigo. En todas las ocasiones de pesadumbre que tengo por el mal trato del prior, que han sido muchas, me anima y trata por todos los medios de aliviarme y distraerme. Las veces que se levanta de noche a darme algún bocado o a otras necesidades corporales, que es muy a menudo el levantarse de noche a estos menesteres, le agradezco que lo haga. Cuando le despierto de noche para que acuda a alguna necesidad, le digo: «Por amor de Dios me perdone su caridad.» Contestándome: «Padre, yo recibo mucho gusto en que vuestra reverencia me llame mil veces cada noche.»

El mal se ha propagado a la espalda y un tumor la cubre de llagas. Una grande apostema, mayor que un puño, impide moverme y no puedo cambiar de postura. Han colgado del techo de la celda una soga que cuelga hasta la cama y cogiéndome a la soga me alivio un poco para no rozarme las heridas. A pesar del mucho dolor que recibo durante las curas, tengo envidia a los siervos de Dios, santos mártires que padecen por el amor de Dios, más que no a los premios y frutos de la gloria adquiridos por los dichos mártires, por ser tesoro de inestimable valor. Deseo padecer martirio por la confesión de la fe y deseo verme en lugar donde la padeciere. Hablo poco, y cuando lo hago es para darme resignación suplicando: «Más paciencia, más amor y más dolor.»

Hoy, 7 de diciembre, siento que voy empeorando. Me ha subido la fiebre. El médico, licenciado Villarreal, llama al padre Alonso de la Madre de Dios y hablan fuera de la celda. Están muy serios y el hermano fray Diego de Jesús llora con disimulo para que yo no lo advierta. Al poco entran el médico y el padre Alonso. Este último me dice: «Padre Juan, el señor licenciado dice que vuestra reverencia se va acabando. Póngase bien con Dios.» «¿Que me muero?», le pregunto. Los que están presentes se miran y no hacen más comentarios.

Debo ser fuerte y padecer con alegría todo el sufrimiento con que Dios me regala, que está cerca la hora de mi partida; pero si todavía he de esperar, sea la voluntad de Dios.

El día 11 pido que me den el Viático. Me lo administra el padre Fernando de la Madre de Dios. Recuerdo cuando le di el hábito en el Calvario. ¡Cuántas cosas me han sucedido desde entonces...! Al hermano fray Diego de Jesús, que está siempre a mi lado, le digo: «Me voy de este mundo.» Fray Diego se pone de rodillas y cogiéndome la mano me la besa y llorando me obliga a que le dé mi bendición.

—Hermano fray Diego, ¿siente que yo me muera? —le pregunto.

—Sí; pero me conformo con la voluntad de Dios, que yo quiero que se cumpla siempre —me responde.

—Te agradezco y te aconsejo que conserves esta disposición en todas las cosas.

Apenas descanso y el tiempo no tiene prisa, haciéndose larguísimas las noches, las madrugadas, llegando con retraso las mañanas frías y destempladas.

Hoy, día 12, llamo al padre Bartolomé de San Basilio y le pido un recipiente donde pueda quemar todas las cartas, y hasta los sobres que guardo bajo la almohada, que debo hacerlas desaparecer. Al momento viene y en su presencia las destruyo todas.

También está conmigo el padre Antonio de Jesús, que me consuela diciéndome: «Padre fray Juan, anímese mucho; tenga confianza en Dios y acuérdese de las obras que hicimos y trabajos que padecimos en los principios de esta religión.» «¡No me diga eso, padre! ¡No me diga eso, padre! Dígame mis pecados», le respondo.

Al día siguiente me doy cuenta que ya estoy acabado y pido al hermano Diego que llame al padre prior. Una vez que le tengo delante le suplico perdón por los muchos cuidados y pesadumbres que le he proporcionado durante la enfermedad, diciéndole: «Padre nuestro, allí está el hábito de la Virgen que he traído a uso; yo soy pobre y no tengo con que enterrarme. Por amor de Dios, suplico a vuestra reverencia que me le dé de limosna y pídole la bendición.» Me la da y le veo afligido, rogándome que le perdone, porque no ha podido atenderme como hubiera sido menester debido a la escasez y pobreza del convento. «Padre prior —le contesto fatigado—, yo estoy contento y tengo más de lo que merezco, y no se fatigue ni aflija que hoy esté esta casa con la necesidad que sabe, sino tenga confianza en Nuestro Señor, que tiempo ha de venir en que esta casa tenga lo que hubiere menester.»

Mis palabras enternecen tanto al prior que le ha mudado el mal afecto que hasta hoy me ha tenido y sale llorando, arrepentido, y no parece el mismo.

Los dolores pueden con mi poca fortaleza y me retuerzo por dentro, y pongo buena cara para no preocupar a los que me rodean. Lentamente voy sintiendo el final. Me ahogo y me abandono con más insistencia en Dios, que tan ardua prueba me hace pasar.

Ha vuelto el prior y se pone de rodillas ante mi cama. Luego me pide que le dé el breviario como recuerdo, y le digo: «Yo no tengo cosa mía que dar a vuestra reverencia; todo es suyo, pues es un prelado.»

Hoy, viernes, recibo el santísimo sacramento de la extremaunción, que yo mismo he pedido. Hay muchos religiosos a mi lado, y también el padre Antonio de Jesús y el padre Agustín de San José, que me dice: «Ya es tiempo que le pague Nuestro Señor a vuestra reverencia sus grandes trabajos.» «No me diga eso, padre —le respondo—, que le certifico que no he hecho obra que no me esté ahora reprendiendo. A vuestra reverencia, padre Antonio, no le puedo responder; que me estoy consumiendo de dolores.»

También está el padre Cristóbal de Jesús, prior del Calvario, y mis amigos Cristóbal de la Higuera, Diego Navarro, Juan de Cuéllar y don Fernando Díaz.

«¿Qué hora es?», pregunto al hermano Pedro. «Son las diez», me contesta. «Hágales retirarse a descansar, que cuando sea la hora, avisaré.»

Siento como un profundo vacío que me hunde en la quietud y en el reposo, como si toda mi vida cayera a un pozo oscuro al que llega la luz de un lejanía y no tengo fuerzas para detenerme y voy acercándome a ella.

Estoy muriéndome y no he perdido la razón ni el conocimiento y todo lo que he sentido y he dicho en mis versos toman diáfanas imágenes que susurran en mis oídos una extraña música, un conocido ritmo, una precisa armonía que siempre me acompañó en los peores momentos.

Sepulcro en el que reposan los restos de San Juan de la Cruz.
Convento de los Carmelitas Descalzos de Segovia. *(Foto T. Pintos)*

> ¿Por qué, pues, has llagado
> aqueste corazón, no lo sanaste?
> Y pues me lo has robado,
> ¿por qué así le dejaste,
> y no tomas el robo que robaste?
>
> Apaga mis enojos,
> pues que ninguno basta a deshacellos,
> y véante mis ojos,
> pues eres lumbre de ellos,
> y sólo para ti quiero tenellos.

—¿Qué hora es? —vuelvo a preguntar al hermano Pedro.
—Son las once y media —responde compungido.
—Ya se va acercando la hora; llame a los padres —le insisto con cierta alegría.

Saben que me estoy muriendo y no duermen y van y vienen a la puerta de la celda. Al poco entran y otros religiosos acuden iluminándome con sus candiles.

«Padres, ¿quieren que digamos el salmo *De profundis,* que estoy muy valiente?» Me responden que de muy buena gana, que empiece y que me responderán. Mas yo les ruego que empiece la comunidad, que yo responderé. La comunidad me replica, y yo empiezo el dicho salmo y los dichos religiosos a responderme. También se recita el *Miserere* y el *In Te, Domine, speravi.*

Pido al superior que me traigan el Santísimo, y cuando le tengo delante exclamo: «Ya, Señor, no os tengo que volver a ver con los ojos mortales. ¿Qué hora es?», pregunto. «Aún no son las doce», me contestan. «A esa hora estaré yo delante de Dios Nuestro Señor diciendo maitines.»

El padre Alonso de la Madre de Dios y otros religiosos buscan nerviosos en el breviario la recomendación del alma. Casi no me queda fuerza para hablar y les digo: «Déjenlo, por amor de Dios, y quiétense.» «Dígame, padre, de los *Cantares,* que eso no es menester.» Cuando empiezan a leerme los versículos del *Cantar de los Cantares* interrumpo: «¡Oh, qué preciosas margaritas!»

> «Buscando mis amores
> iré por esos montes y riberas;
> ni cogeré las flores
> ni temeré las fieras,
> y pasaré los fuertes y fronteras.

> ¡Oh bosques y espesuras,
> plantadas por la mano del Amado!
> ¡Oh prado de verduras
> de flores esmaltado!
> Decid si por vosotros ha pasado.
> ....»

[firma: Fr Juan dela cruz]

En el reloj de la iglesia del Salvador sonaron las primeras campanadas de las doce de la noche. Como el hermano Francisco era semanero de tocar a maitines, salió de la celda.

Fray Juan de la Cruz, al oír el toque de campana en el convento, pregunta: «¿A qué tañen?» «A maitines», le dijeron. Y como si todos los dolores se le tornaran por gozo y alivio, exclama: «¡Gloria a Dios, que al cielo los iré a decir!»

En las manos tenía un crucifijo. Lo besaba repetidas veces diciendo: «*In manus tuas, Domine, commendo spiritum meum.*» Así, dulcemente, expiró, llenándose la celda de una transparente luminosidad, emanando su cuerpo olor a rosas y juncias de los campos. Era el día 14 de diciembre de 1591, a los cuarenta y nueve años de su nacimiento.

Luego, al amanecer hubo un lucero más y los caminos se abrieron con prisa para dejar paso al Amado. Y los valles, los bosques, los árboles, vestidos de la escarcha y de toda la hermosura de la naturaleza, oyeron suspirar el gozo de su alma sosegada en brazos del Amado.

> De flores y esmeraldas,
> en las frescas mañanas escogidas,
> haremos las guirnaldas,
> en tu amor floridas
> y en un cabello mío entretejidas.

Todos los vecinos de Úbeda se dieron cita en el entierro, «llenándose la iglesia y el convento y apenas cabían en la calle». Le dieron sepultura en la iglesia del convento y tras su muerte acontecieron hechos milagrosos. Doña Ana de Peñalosa, fundadora del convento de Segovia, reclamó sus restos como se había acordado en la fundación del Carmen, de que allí había de ser enterrado fray Juan de la Cruz. El padre Doria dio la orden de trasladarlo secretamente de Úbeda a Segovia, y el año 1593 se hizo.

testimonios

«Conocí al padre fray Juan de la Cruz y le traté y comuniqué muchas y diversas veces.»

«Fue hombre de mediano cuerpo, de rostro grave y venerable, algo moreno y de buena fisonomía; su trato y conversación, apacible, muy espiritual y provechoso para los que le oían y comunicaban. Y en esto fue tan singular y proficuo, que los que le trataban, hombres y mujeres, salían espiritualizados, devotos y aficionados a la virtud. Supo y sintió altamente de la oración y trato con Dios, y a todas las dudas que le proponían acerca de estos puntos respondía con alteza de sabiduría, dejando a los que le consultaban muy satisfechos y aprovechados. Fue amigo de recogimiento y de hablar poco; su risa, poca y muy compuesta.»

P. Eliseo de los Mártires.

«No sé cómo sufre Dios cosas semejantes; todos nueve meses estuvo en una celdilla que no cabía bien, con cuan chico es, y en todos ellos no se mudó de túnica, con haber estado a la muerte.»

Teresa de Jesús.

«Comía muy poco, no cuidaba del comer, contentábase con cualquier cosa que le daban...»

Ana María de la Encarnación.

«Fue muy pobre; que siempre traía el hábito viejo y remendado.»

FRAY JUAN DE SANTA EUFEMIA.

«El hábito lo procuraba de jerga muy basta para sí y para sus religiosos... Ningunos religiosos de los que de toda la Orden en él se juntaron llevaban sayal tan grosero.»

FRAY ALONSO DE LA MADRE DE DIOS.

«Era muy virtuoso y pasó trabajos y cárceles con mucha paciencia... Era muy prudente, manso y benigno, y muy mortificado y de gracioso exterior.»

FRAY JUAN EVANGELISTA.

«En el largo tiempo que esta testigo le conoció y trató familiarmente, jamás le vio inquieto, ni turbado, sino quieto y con tanta serenidad como si no tuviera pasiones.»

MARÍA DE LA ENCARNACIÓN.

«Era muy afable y alegre para con todos.»

ANA DE JESÚS.

«Estaba su rostro y aspecto siempre de un ser; nunca le vio esta testigo descompuesto en reír, ni en estar triste, ni en la cólera, ni en el reprender, ni en otras pasiones semejantes; de todo se mostraba señor.»

MARÍA DE LA MADRE DE DIOS.

«Mostraba en el rostro y semblante una alegría apacible; ni tampoco jamás se le vio melancólico o con rostro torcido para consigo o para con sus súbditos, mas siempre conservaba un trato suave.»

FRAY LUCAS DE SAN JOSÉ.

«Le conocí en Malagón... Alababa mucho el ejercicio de manos por no estar ocioso, y el santo varón hacía algunas cesticas o cosas semejantes.»

JERÓNIMA DE SAN PEDRO.

«Cuando estaban en el refectorio, comía con brevedad por ir al púlpito al padre que estaba leyendo para quitarle el libro y leer él, y esto lo hacía muchas veces.»

FRAY MARTÍN DE LA ASUNCIÓN

«Estando enfermo de unas terribles angustias de estómago y vómitos, noté, estando yo también en la misma enfermería malo, que, dándole aquellos vómitos tan recios que con cada uno parecía lanzaba el alma, en pasando el vómito, con quedar con terribles angustias, no se quejaba; antes se quedaba tan en paz que parecía no tenía mal alguno.»

FRAY MARTÍN DE SAN JOSÉ.

«No se le vio jamás quejarse, ni por agravios que le hiciesen no abrió su boca a decir que lo hacían mal con él, ni se quejó jamás de nadie, y en todo el tiempo que le conocí no le oí palabra de murmuración, con haber mil ocasiones para ello; antes de todos decía bien.»

FRAY PEDRO DE LA PURIFICACIÓN.

(He resumido algunos de los muchos testimonios que se encuentran en cartas y declaraciones.)

recapitulación

Descubrir a San Juan de la Cruz es tarea fascinante, que asumo con respeto por considerarla a primera instancia seria y de compromiso literario.

He tratado de acercar lo más posible a nuestro místico en su medio y tiempo, sin prescindir de conjeturas un tanto libres y necesarias guiado por la brújula de la apreciación histórica. Y como la historia es ciencia escrita, me aproveché de los escasos documentos, ya que en la España del siglo XVI tampoco abundaba la cosecha de libros y plumas, porque la sequía era controlada desde púlpitos y oratorios y una minoría ejercía la potestad incuestionable sobre las almas de los cuerpos.

Acudí a esas crónicas por necesidad, y el material utilizado refleja bien la influencia de la cultura popular asimilada durante siglos. Los datos que pongo en la palabra del místico se han comprobado en legajos conservados en Simancas, en archivos de las Audiencias, en la Biblioteca Nacional y otros lugares; y aunque él no los dijera personalmente, otros que le trataron y conocieron sí lo escribieron afortunadamente y dejaron constancia de ello, por lo que me beneficié de sus testimonios.

Hice este monólogo biográfico intentando liberarme, en lo que me fue posible, de cualquier tipo de maniobra que dañara el aroma que desprende la lectura de los versos de San Juan de la Cruz, para alcanzar un conocimiento racional de esta figura de la mística universal; teniendo muy en cuenta cómo vivió, cuál fue su verdadera existencia, que después termina seduciendo por otros caminos de su experiencia mística, indispensable en su contenido poético.

Este libro pretende estar cimentado en la opinión limitada de historiadores y en las informaciones del malogrado padre Crisógono de Jesús, Carmelita Descalzo, y los propios escritos y comentarios de San Juan de la Cruz. Para que mi trabajo fuera creíble puse mi pensamiento a través de su palabra, no sin mucho reparo.

La reconstrucción del mosaico de documentos que tratan sobre el místico y el insuperable hombre que fue ha sido mi constante preocupación, surgiendo el problema respecto al lenguaje, que procuré solucionar adoptando algunas modificaciones gramaticales.

Mucho se ha escrito sobre la vida y obra de San Juan de la Cruz; y todavía será poco, si con ello se lograra algún día entender y asimilar la mística que emerge de las tres culturas hispanas, sin llegar nadie a precisar toda la magnitud de su misteriosa trascendencia.

El mundo actual se caracteriza por la carencia de misticismo, y, como es lógico, de seres iniciados. No voy a detenerme en salvedades, pero el hombre de hoy vive cuantificado y no consigue percibir el resultado de tanto disfrute del espíritu.

Los hechos y circunstancias de aquella época no deben enjuiciarse con el criterio de hoy, naturalmente. Escribir sobre un místico que además era religioso del siglo XVI ha sido todo un desafío.

Está claro que San Juan de la Cruz fue un hombre tan singular como polémico, del que se ha manejado su figura y su poesía por desconocimiento de la cultura propiamente hispana, todavía no desbrozada, y por intereses de la época, no desempolvados ni siquiera en nuestro tiempo; y no pude evitar los juicios de sus coetáneos, transferidos a su persona, haciéndole portador de las mismas o parecidas expresiones, con algunos cambios por actualización del lenguaje al uso, movido por un principio de fidelidad a su época y a su entorno.

Para mí ha sido como un reto; porque además de aspirar a hacer un estudio minucioso y elaborado, el personaje ha conseguido enclaustrarme en su contemplación, llevándome a su mundo vivencial y místico con el símbolo, la metáfora y el canto, que en sus versos se convierte en ceremonia y rezo.

¿Cómo sería realmente San Juan de la Cruz? Según la perspectiva con que se mire este monólogo contado por él mismo, será correcto, aproximado o inoportuno. ¿Hasta qué punto fiable?

La obsesión por la abundancia es generalizada y el hambre es su motivo, su origen. La difusión del erasmismo entre minorías religiosas e intelectuales afectó a nuestro místico, que respetaba la sabiduría del pueblo sencillo y la gracia de sus decires, la ingenuidad de los romances, usos y tradiciones. Tampoco sería fácil la propagación de la fe cristiana venciendo algunas dificultades como el aislamiento de los emplazamientos y someter las creencias populares tan llenas de prácticas secretas de la magia y de la hechicería. En una España predispuesta a lo pagano con manifestaciones de brujería, la poesía de San Juan de la Cruz no tiene sentido, porque él canta a la naturaleza desde su Creador, no carente de un trasfondo de misterio que nos predispone a la admiración sin considerar formulismos.

Nuestro místico no tomó la poesía como oficio y dedicación utilizando dos vocablos inconfundibles para comunicar ese estado en que su espíritu se encontraba ante la abundancia y el reconocimiento de sus limitaciones humanas. Al fin, eso es la mística: transmisión de algo que impresiona a la imaginación y sorprende a la realidad, elevar lo cotidiano, perfeccionar lo simple; y su poesía mueve a la perfección y a la belleza. ¿Hasta qué punto supo lo que estaba escribiendo? La trascendencia de su mensaje es el motivo de sus versos, pero nunca la intuición.

¿Llegaría a leer el libro de Sebastián de Córdoba sobre Boscán y Garcilaso, que luego influiría en la construcción de sus poemas? Los más allegados no hablan de este libro, pero sí de la Biblia, San Agustín y los que guardaban en conventos y monasterios. Todos ellos monjes, sólo se preocuparon de ensalzar las virtudes piadosas del Santo, sin ocuparse de sus grandes cualidades como poeta místico.

La simple lectura de su poesía, sin conocer las declaraciones del mismo San Juan de la Cruz, produce confusión, lamentablemente, porque las conclusiones que se obtienen en nada se parecen a las que en su época convenía. ¿Su obra no sería manipulada con la única finalidad de integrarla a los intereses político-religiosos de la época?

Nunca obtendremos la respuesta, porque él mismo, con sus declaraciones, obliga a otra comprensión del contenido que en nada se parece a la forma, buscando su sentido a través del camino de lo místico-religioso.

Tan lejos de aquella época intransigente en materia de fe al servicio de la Iglesia católica romana, con su majestad católica Felipe II al frente, dejando paso y acción a la Reforma eclesiástica que produjo la revolución religiosa, San Juan de la Cruz se convierte en el maestro místico que fue siempre para los que le siguieron y continúan su doctrina y enseñanzas.

La trascendencia toma forma legible en lo popular y probablemente su lectura nos llega deformada con matices de carácter erótico, cuando su verdadera meta era meramente sensual, siendo difícil de diferenciar en los místicos y en sufistas dónde está el principio y fin del entendimiento místico.

Su mística ha vencido a la materia y al tiempo, quedando de él su ejemplo y sus poemas, su dulce armonía sonora y callada, como fue su corazón de místico y poeta.

MANUEL.

CALENDARIO BIOGRÁFICO

1542	Nacimiento en Fontiveros (Ávila), posiblemente el 24 de junio.
1548	Se traslada a vivir a la villa de Arévalo.
1551	Nuevo traslado a la villa de Medina del Campo.
1559-63	Estudia en el Colegio de la Compañía de Medina del Campo.
1563	Toma el hábito de Carmelita en Medina con el nombre de fray Juan de Santo Matía.
1564	Se matricula en la Universidad de Salamanca.
1567	Es ordenado sacerdote en Salamanca. En el verano canta su primera misa en Medina, donde en septiembre u octubre conoce a Santa Teresa, interesándose por la Reforma.
1568	Termina los estudios en Salamanca, regresa a Medina. Acompaña a Santa Teresa a la fundación de Valladolid. En octubre prepara la fundación de Duruelo, siendo maestro de novicios.
1570	Traslado de Duruelo a Mancera. En octubre viaja a Pastrana para organizar y dar normas al noviciado. En noviembre regresa a Mancera.
1571	Asiste con Santa Teresa a la fundación de Alba de Tormes. En abril es nombrado rector del primer colegio descalzo en Alcalá de Henares.
1572	Es nombrado confesor y vicario del monasterio de la Encarnación de Ávila.
1574	Expulsa el demonio a la monja de Ávila María de Olivares. Asiste con Santa Teresa a la fundación de Descalzas de Segovia.
1576	A primeros de enero es apresado por los Calzados en Ávila. El 9 de septiembre participa en el primer capítulo de los Descalzos en Almodóvar del Campo.
1577	El 2 de diciembre es arrestado violentamente y después le llevan a Toledo, donde le encarcelan.
1578	A mediados de agosto huye de la cárcel. A mediados de agosto asiste al capítulo de Almodóvar. En octubre le nombran superior-vicario del Calvario (Jaén).
1579	En junio funda el colegio de Baeza.
1581	En marzo, el capítulo de Alcalá le nombra tercer definidor. En noviembre prepara en Ávila con Santa Teresa la fundación de monjas en Granada.
1582	En enero inaugura la fundación de Descalzas de Granada. A finales del mismo mes inicia su primer priorato en Los Mártires de Granada.
1583	En mayo es reelegido prior de Granada en el capítulo de Almodóvar.

1585	En febrero funda el convento de Descalzas en Málaga. En marzo va al capítulo de Lisboa y es elegido definidor segundo. En octubre, en el capítulo de Pastrana, le nombran vicario provincial de Andalucía. Sigue teniendo su residencia en Los Mártires de Granada.
1586	En mayo funda convento de religiosos en Córdoba. En agosto acompaña a las monjas de Granada para la fundación de Madrid, donde asiste a un Definitorio. En octubre funda convento de frailes en Manchuela (Jaén). En diciembre funda otro convento de religiosos en Caravaca (Murcia).
1587	En abril asiste al capítulo de Valladolid cesando como definidor y vicario provincial de Andalucía y le nombran prior de Los Mártires de Granada, por tercera vez.
1588	En junio, en el primer capítulo general en Madrid, es elegido primer definidor general, tercer consejero de la Consulta y superior de la casa generalicia de Segovia.
1590	En junio participa en el segundo capítulo general en Madrid.
1591	En junio, el tercer capítulo general en Madrid le cesa en todos sus cargos. En agosto marcha como súbdito a La Peñuela (Jaén). En septiembre marcha enfermo al convento de Úbeda (Jaén) y el 14 de diciembre a las doce de la noche muere a los cuarenta y nueve años.

DATOS PÓSTUMOS

1593	En mayo se traslada su cuerpo secretamente a Segovia.
1618	Aparece la edición de sus libros en Alcalá, sin el *Cántico espiritual*.
1622	Se edita en París, traducido al francés, *Cántico espiritual*.
1627	Se imprime la primera edición castellana del *Cántico espiritual*, en Bruselas.
1630	Se edita su primera obra completa en Madrid.
1675	El 25 de enero es beatificado por Clemente X.
1679	En Alba de Tormes se le dedica la primera iglesia.
1726	El 27 de diciembre es canonizado por Benedicto XIII.
1912	Se imprime en Toledo la primera edición crítica de toda su obra.
1926	El 24 de agosto es declarado doctor de la Iglesia por Pío XI.
1927	El 11 de octubre su cuerpo incorrupto es depositado en el actual sepulcro.
1952	El 21 de marzo es proclamado patrono de los poetas españoles.

OBRAS DE SAN JUAN DE LA CRUZ

Poesía: *Cántico espiritual, Noche oscura, Llama de amor viva, Vivo sin vivir en mí, ¡Qué bien sé yo la fonte que mana y corre, aunque es de noche!, Entreme donde no supe, Un pastorcico, solo, está penando, Tras de un amoroso lance, Sin arrimo y con arrimo, Por toda la hermosura, Romances sobre el evangelio «In principio erat Verbum», acerca de la Santísima Trinidad, «Super flumina Babilonis» y Letrillas.*

Prosa: *Dichos de luz y AMOR. Avisos y sentencias espirituales, Subida al Monte Carmelo Declaraciones sobre la Noche oscura, Declaraciones de Cántico espiritual, y Declaraciones sobre Llama de amor viva.*

COPIAS Y MANUSCRITOS

Los únicos manuscritos que se conservan del místico y sólo en correcciones se encuentran en Sanlúcar de Barrameda, correspondiente al texto CA de los comentarios de San Juan de la Cruz.

Versiones manuscritas de quienes le conocieron se guardan en Amberes; la copia autógrafa de Ana de San Bartolomé, en el que sólo hay 31 estrofas del *Cántico,* en el archivo de las Carmelitas Descalzas de Valladolid; dos versiones manuscritas, una de 31 y la otra de 39 estrofas, los ejemplares de la Hispanic Society; los tres de la Biblioteca Nacional de Madrid y en el Archivo del Sacromonte de Granada otra copia de la versión retocada CA y en el convento de las Carmelitas Descalzas de Jaén.

En el Archivo Silveriano de Burgos está la más auténtica a la original del místico: *Noche, Llama...,* precediéndole la de la Biblioteca Nacional de Madrid.

También se conserva alguna carta de las muchas que escribió durante su vida.

bibliografía

JOSÉ DE JESÚS MARÍA (QUIROGA), O. C. D.: *Historia de la vida y virtudes del Venerable P. Fr. Juan de la Cruz, primer religioso de la Reformación de los Descalzos de N. Señora del Carmen, con declaración de los grados de la vida contemplativa por don N. S. le levantó a una rara perfección en estado de destierro. Y del singular don que tuvo para enseñar la sabiduría divina, que transforma las almas en Dios. Compuesta por el P. Fr. Joseph de Jesús María, Religioso de la misma Orden. En Bruselas, por Juan Meerbeeck, 1628,* 1014 págs.

Inicio con esta obra la relación de autores, ya que fue la primera sobre la vida del místico, reeditada en Bruselas en 1632; en Málaga en 1717, y en Burgos, en 1927. Traducida después al francés por Eliseo de San Bernardo y editada en París en 1638 y 1642; al italiano, por Nicolás Cid, e impresa en Brescia en 1638, al latín, por Andrés de Santa María y publicada en Colonia en 1663.

AGUIRRE PRADO, LUIS: *San Juan de la Cruz,* Compañía Bibliográfica Española, S. A.

ALDA TESÁN, J. M.: «Poesía y lenguaje místicos de San Juan de la Cruz», en *Universidad,* XX, Zaragoza, 1943.

ALESSANDRO DI SANTA TERESA, O. C. D.: *Terzo Centenario di S. Giovanni della Croce. Fondatore con Santa Teresa di Gesú dell'Ordine dei Carmelitani Scalzi, Vita dello stesso,* Roma, 1891.

ALONSO, DÁMASO: «Sobre el texto de "Aunque es de noche"», en *RFE*, XXVI (1942), págs. 490-494.
— «La caza de amor es de altanería (sobre los procedentes de una poesía de San Juan de la Cruz)», en *De los siglos oscuros al de oro,* Madrid, Gredos, «Campo abierto», 1964, págs. 271-293.
— «El misterio técnico en la poesía de San Juan de la Cruz», en *Poesía española, ensayo de métodos y límites estilísticos,* Madrid, Gredos, BRH, 1971, págs. 219-305.
— *La poesía de San Juan de la Cruz (desde esta ladera),* en *Obras Completas,* II, Madrid, Gredos, 1973, págs. 869-1075, y Editorial Aguilar, S.A.
ÁLVAREZ-SUÁREZ, ANIANO: *Dialogando con San Juan de la Cruz,* Editorial Monte Carmelo.
ANÓNIMAS Y COLECTIVAS: *San Juan de la Cruz, diálogo y hombre nuevo.* Editorial de Espiritualidad.
— *San Juan de la Cruz,* autor-editor.
Introducción a San Juan de la Cruz, Consejo Superior de Investigaciones Científicas.
— *Antropología de San Juan de la Cruz,* Institución Gran Duque de Alba.
— *Experiencia y pensamiento en San Juan de la Cruz,* Editorial de Espiritualidad.
ANTOLÍN RODRÍGUEZ, FORTUNATO: *San Juan de la Cruz en Segovia,* Editorial C.A. y M.P. Segovia.
Antología homenaje San Juan de la Cruz, Ávila, 1990, Ed. Institución Gran Duque de Alba.
ANTÓN MARTÍN, JOSÉ MARÍA: *Mística castellana de San Juan de la Cruz en Unamuno,* Confederación Española de Cajas de Ahorros.
ASÍN PALACIOS, MIGUEL: «Un precursor hispano-musulmán de San Juan de la Cruz», en *Huellas del Islam*, Madrid, 1941.
BALLESTERO, MANUEL: *Juan de la Cruz: de la angustia al olvido,* Barcelona, Ed. Península, 1977.
BARUZI, JEAN: «Le probléme des citations scriptuaires en langue latine dans l'oevre de Saint Jean de la Croix», en *BHI,* XXIV (1922), págs. 18-40.
— *Saint Jean de la Croix et le probléme de l'experience mystique,* París, 1924.
— «Introducción al estudio del lenguaje místico», en *Boletín de la Academia de Letras,* Buenos Aires, 10, 1942, págs. 6-30.
BATAILLON MARCEL: «La tortolica de *Fontefrida* y del *Cántico espiritual*», en *NRFH,* VII (1953), págs. 291-306.
— «Sobre la génesis poética del *Cántico espiritual* de San Juan de la Cruz», en *Varia lección de clásicos españoles,* Madrid, Gredos, BRH, 1964, páginas 167-182.
BAYER, R.: «Les thémes du Néo-planisme et la Mystique Espagnole de la Renaissance», en *Hommage á Martinenche: Études hispaniques et américaines,* París, 1939, págs. 59-74.

BAYO, MARCIAL JOSÉ: «Aspectos líricos de San Juan de la Cruz», en *REsp.*, I, núms. 4-5 (1942), págs. 300-308.

BEARDSLEY, WILFORD A., «Use of Adjetives by the Spanish Mystics», en *Hispania,* IX (1928), págs. 29-41.

BENGOCHEA IZAGUIRRE, ISMAEL: *La felicidad en San Juan de la Cruz,* Editorial Miriam, Sevilla, y *Antología poética sobre San Juan de la Cruz,* Editorial Miriam, Sevilla.

BLECUA, J. M.: «Los antecedentes del poema del *Pastorcico* de San Juan de la Cruz», en *RFE*, XXXIII (1949), págs. 378-380.

BOBES NAVES, M. CARMEN, etc.: *Simposio sobre San Juan de la Cruz,* Editorial Secretariado Diocesano Teresiano.

BOUSOÑO, Carlos: «San Juan de la Cruz, poeta contemporáneo», en *Teoría de la expresión poética,* Madrid, Gredos, BRH, 1966, págs. 182-204.

BRAENDLE, FRANCISCO: *La Biblia en San Juan de la Cruz*, Editorial de Espiritualidad.

BRENAN, GERALD: *San Juan de la Cruz,* Editorial Laia, S. A.

BRUNO DE JESÚS MARÍA, O. C. D.: *Saint Jean de la Croix,* Préface de Jacques Maritain. Avec 21 gravures hors texte et un facsimile. Paris. Librairie Plon Les Petits-Fils de Plon et Nourrit imprimeurs-editeurs, 8, rue Garanciére, 6, París, 1929, con 34 y 482 págs. Reimpresa en París, en 1932, y Brujas, 1961; traducida al inglés y publicada en Londres en 1932 y en Nueva York en 1957; al español y editada en Madrid en 1943 y reeditada en Buenos Aires en 1947; al italiano, en Milán, 1938 y 1963; al húngaro, en Kessthely en 1936.

— *San Juan de la Cruz,* Editorial Española Desclee de Brouwer, S. A.

CADRECHA CAPARRÓS, MIGUEL ÁNGEL: *San Juan de la Cruz. Una eclesiología de amor,* Editorial Monte Carmelo.

CALDERA, E.: «El manierismo en San Juan de la Cruz», en *Prohemio*, I, 3 (1970), págs. 333-355.

CAMÓN AZNAR, JOSÉ: *Artes y pensamiento en San Juan de la Cruz,* Madrid, la Editorial Católica, S. A., 1972.

CASERO RODRÍGUEZ, JOSÉ: *La dirección espiritual en San Juan de la Cruz,* Document.

CASTRO, SECUNDINO: *Hacia Dios con San Juan de la Cruz,* Editorial de Espiritualidad.

CELAYA, GABRIEL: «La poesía de vuelta en San Juan de la Cruz», en *Exploración de la poesía,* Barcelona, Seix Barral, 1971.

COSSÍO, JOSÉ MARÍA: «Rasgos renacentistas y populares en el *Cántico espiritual* de San Juan de la Cruz», en *Escorial,* 25, 1942, págs. 205-228. Reproducción en *Notas y estudios de crítica literaria: Letras españolas (siglos XVI y XVII),* Madrid, Espasa-Calpe, 1970, págs. 139-182.

CRISÓGONO DE JESÚS SACRAMENTADO, O. C. D.: *San Juan de la Cruz: su obra científica y su obra literaria,* Madrid-Ávila, 1929.

CRISÓGONO DE JESÚS SACRAMENTADO, O. C. D.: *Vida y obras de San Juan de la Cruz,* Madrid, BAC, 1946.
— *Vida de San Juan de la Cruz,* Editorial de Espiritualidad.
CRISTIANI, LEÓN: *Saint Jean de la Croix, prince de la mystique,* París, 1960, 250 págs. Publicado en español por Ediciones Paulinas (Bilbao, 1963).
— *San Juan de la Cruz. Vida y doctrina,* Editorial de Espiritualidad.
CUEVAS GARCÍA, C.: Edición de San Juan de la Cruz, *Cántico espiritual. Poesías,* Madrid, Alhambra, 1979.
CHANDEBOIS, H.: «Lexique, grammaire et style chez Saint Jean de la Croix, Notes d'un traducteur», en *EC,* III (1949), págs. 543-547, y IV (1950), págs. 361-368.
DABORD, MICHEL: «Autour de la cetrería de amor de Saint Jean de la Croix», en *BHI,* LIV (1952), págs. 203-204.
DÍAZ MARTÍNEZ, LUIS: *San Juan de la Cruz, una vida entregada a Dios,* Document.
DIEGO, GERARDO: «Música y ritmo en la poesía de San Juan de la Cruz», en *Escorial,* IX (1942), págs. 163-186.
— «La naturaleza y la inspiración poética en San Juan de la Cruz», en *REsp.,* núms. 108-109, tomo 27 (1968), págs. 311-319.
D'ORS, EUGENIO: «Estilo del pensamiento de San Juan de la Cruz», en *REsp.,* I (1942), págs. 241-254.
DOSITHÉE DE SAINT ALEXIS, O. C. D.: *Vie de Saint Jean de la Croix, premier Carme Dechouse,* París, 1727, 2 vols. de 568 y 584 págs. Se reimprimió en 1782 y 1872. Traducida al flamenco, se publicó en 1854 y 1891.
DUVIVIER, ROGER: *Le dynamisme existentiel dans la poésie de Jean de la Croix. Lecture du Cántico espiritual,* París, Didier, 1973.
— *La genése du «Cantique spirituel» en Saint Jean de la Croix,* París, Les Belles Lettres, 1971.
ELIADE, MIRCEA: *Le chamanisme et les techniques archaïques de l'extase,* París, Payot, 1974 ².
EMETERIO DE JESÚS MARÍA, O. C. D.: «Las raíces de la poesía sanjuanista y Dámaso Alonso», en *MC,* 54 (1950), págs. 150-264.
ENEBRAL CASARES, ANA MARÍA: *Poesía y lenguaje de San Juan de la Cruz,* Peso Press, S. A.
ETCHEGOYEN, C.: *L'Amour divin. Essai sur les sources de Sainte Therése,* Burdeos-París, Bibliothéque de l'École des Hautes Études Hispaniques, 1923.
EULOGIO (PACHO) DE LA V. DEL CARMEN, O. C. D.: «La estructura literaria del *Cántico espiritual*», en *MC,* 68 (1960), págs. 339-414.
— *San Juan de la Cruz y sus escritos,* Madrid, Guadarrama, 1969.
— *Edición de San Juan de la Cruz, Cántico espiritual,* Madrid, Fundación Universitaria Española, 1982.

EVARISTO DE LA VIRGEN DEL CARMEN, O. C. D.: *El nuevo doctor de la Iglesia San Juan de la Cruz,* Toledo, 1927, 248 págs.

FERNÁNDEZ LEBORANS, MARÍA JESÚS: *Luz y oscuridad en la mística española,* Madrid, Cupsa, 1978.

FERNANDO CORREA DE LA CERDA, obispo de Oporto: *Historia da vida,* Lisboa, 1680, 290 págs.

FILIPPO MARÍA DE SAN PAOLO, O. C. D.: *Vita del B. Giovani della Croce, Figlio Primogenito nella Riforma del Carmine della Serafica Vergine la S. M. Teresa di Gesú,* Roma y Nápoles, 1675, 10 hojas y 236 págs. Antes en Roma, 1673, 342 págs.

FLORISOONE, M.: *Esthétique et mystique d'aprés Sainte Thérèse d'Ávila et Saint Jean de la Croix,* París, Seuil, 1956.

FRANCISCO JUBERÍAS: *La «sinkatábasis» o «condescendencia» de San Juan de la Cruz: Teología espiritual,* 1980, págs. 421-454.

FRANCISCO DE SANTA MARÍA (PULGAR), O. C. D.: *Reforma de los Descalzos de Nuestra Señora del Carmen de la Primitiva Observancia, hecha por Santa Teresa de Jesús...,* tomo segundo, Madrid, por Diego Díaz de la Carrera, 1655. Reeditado en 1747. Se publicó en francés en 1666 y 1890, y en italiano en 1662. Contiene 37 capítulos dedicados al santo. La traducción francesa se imprimió también como libro aparte en Bruselas en el año 1674.

GABRIEL DE SANTA MARÍA MAGDALENA: *La unión con Dios según San Juan de la Cruz,* Editorial Monte Carmelo.

— *San Juan de la Cruz, doctor del amor divino,* Editorial Monte Carmelo.

GAITÁN, JOSÉ DAMIÁN: «San Juan de la Cruz: un canto en tierra extraña (Exégesis y actualidad de un romance)», en *REsp.,* 37, núm. 149 (1978), págs. 577-621.

GARCÍA BLANCO, M.: «San Juan de la Cruz y el lenguaje del siglo XVI», en *Cast.,* II, 1941-1943, págs. 139-159.

GARCÍA DE LA CONCHA, V.: «Conciencia estética y voluntad de estilo en San Juan de la Cruz», en *BBMP,* XLVI (1970), págs. 371-408.

GARCÍA LORCA, FRANCISCO: *De Fray Luis a San Juan; la escondida senda,* Madrid, Castalia («La lupa y el escalpelo», 10), 1972.

GARCÍA MUÑOZ, FLORENCIO: *Cristología de San Juan de la Cruz,* Fundación Universitaria Española.

GARRIDO, PABLO MARÍA: *Santa Teresa, San Juan de la Cruz y los carmelitas españoles,* Fundación Universitaria Española.

— *San Juan de la Cruz y Francisco de Yepes,* Ediciones Sígueme, S. A..

GIL DE MURO, EDUARDO: *El aire de la almena (vida de San Juan de la Cruz),* Ediciones Paulinas.

GONZÁLEZ GONZÁLEZ, NICOLÁS: *San Juan de la Cruz en Ávila,* Document.

GUILLÉN, JORGE: «San Juan de la Cruz o lo inefable místico», en *Lenguaje y Poesía,* Madrid, Alianza, 1972², págs. 73-109.

GUILLÉN, P. JOSÉ: «La poética en el *Cántico espiritual*», en *REsp.*, I, números 4-5 (1941-1942), págs. 438-447.
GUTIÉRREZ MARTÍN, DARÍO: *San Juan de la Cruz (su personalidad psicológica)*, Ediciones Paulinas.
HATZFELD, HELMUT: *Estudios literarios sobre mística española*, Madrid, Gredos, BRH, 1955.
— «Los elementos constitutivos de la poesía mística (San Juan de la Cruz)», en *NRFH*, XVII (1963-1964), págs. 40-59.
HERIZ (PASCHASIUS), O. C. D.: *Saint John of Cross,* Washington, 1919, 214 págs.
HERRERA ROBERT, A.: «La metáfora sanjuanista», en *REsp.*, 25 (1966), págs. 587-598; 26 (1967), págs. 155-170.
HERRERO GARCÍA, MIGUEL: *San Juan de la Cruz; ensayo literario,* Madrid, Escelicer, 1942.
HERVÁS POVEDA, FÉLIX: *Vida teologal en la escuela de San Juan de la Cruz,* Editorial Asociación Educativa Signum Christi.
HONORÉ DE SAINT MARIE: *La vie de S. Jean de la C.,* Tournai, 1717, 240 págs.
HORNEDO, R. M. DE: «Boscán y la célebre estrofa XI del *Cántico espiritual*», en *RyF,* 128 (1943), págs. 270-286.
— «Fisonomía poética de San Juan de la Cruz», en *RyF,* 127 (1943), páginas 220-242.
— «El Renacimiento y San Juan de la Cruz», en *RyF,* 129 (1944), páginas 133-150.
HUTCHINGS, WILLIAM H.: *Exterior and interior life of S. John of the Cross,* Oxford, 1880-1881, dos tomos de 194 y 139 págs.
ICAZA, ROSA MARÍA: *The Stylistic Relationship Between Poetry and Prose in the «Cántico espiritual» of San Juan de la Cruz,* Washington, The Catholic U. Press of America, 1948.
JAIME DE SAN JOSÉ: *S. João da Cruz,* 2.ª edic., Oporto, 1959, 303 págs. (1.ª edic., 1948).
JERÓNIMO DE SAN JOSÉ, O. C. D.: *Historia del venerable Padre Fr. Juan de la Cruz, primer Descalzo Carmelita, Compañero y Coadjutor de Santa Teresa de Jesús en la fundación de su Reforma. Por Fr. Gerónimo de San Joseph, Religioso de la misma Orden. Dedícase a la misma Santa Madre.* Año 1641. Con privilegio en Madrid. Por Diego Díaz de la Carrera, 906 págs.
JIMÉNEZ DUQUE, BALDOMERO: *En torno a San Juan de la Cruz,* Editorial Científico-Médica.
— *San Juan de la Cruz,* Fundación Universitaria Española.
JOSÉ DE SANTA TERESA, O.C.D.: *Resunta de la vida de N. Bienaventurado P. San Juan de la Cruz, Doctor Místico, Primer Carmelita descalzo,* Madrid, 1675. Reeditada en Murcia en 1779 con 225 págs.

KRYNEN, JEAN: *Le «Cantique Spirituel» de Saint Jean de la Croix commenté et réfondu au XVII siecle. Un regard sur l'histoire de l'éxegése du «cantique» de Jaén,* Salamanca, 1948.
— «Une rencontre révélatrice: Erasme et Saint Jean de la Croix», en *BIFE,* Madrid-Barcelona, 97, mayo-junio de 1957, págs. 72-74.
LIDA DE MALKIEL, M. R.: «Transmisión y recreación de temas grecolatinos en la poesía lírica española», en *RFH,* L (1939), págs. 20-79.
— «Dámaso Alonso, la poesía de San Juan de la Cruz», reseña en *RFH,* 5 (1943), págs. 377-395.
LÓPEZ ARANGUREN, JOSÉ LUIS: *San Juan de la Cruz,* Madrid, Ediciones Júcar, 1973.
— «San Juan de la Cruz», en *Estudios literarios,* Madrid, Gredos, 1976, págs. 9-92.
— *Introducción a Obras de San Juan de la Cruz,* Editorial Vergara, Barcelona, 1965.
LÓPEZ-BARALT, LUCE: «San Juan de la Cruz: una nueva concepción del lenguaje poético», en *BHS* (LV), 1978, págs. 19-32.
LÓPEZ ESTRADA, F.: «Una posible fuente de San Juan de la Cruz», en *RFE,* XXVIII (1944), págs. 473-477.
LÓPEZ MELUS, RAFAEL MARÍA: *San Juan de la Cruz,* Distribuciones Codesal, S. A.
LORENZO PERERA, MANUEL J.: *Fiesta de San Juan en el Puerto de la Cruz,* Document (Tenerife, Canarias).
LUCAS, FRANCISCO JAVIER: *La cruz de San Juan de la Cruz,* Ediciones Mensajero, S. A.
LUIS DE SAN JOSÉ: *Concordancias de los escritos de San Juan de la Cruz,* Ediciones El Carmen.
LLECHENER, P. PETER: *Johanes vom Kreuz,* Ratisbona, 1858, XII + 303 págs.
M. COLLET: *La vie de Saint Jean de la Croix,* París, 1769, XXXVI + 448 páginas. Reimpresa en París en 1796 y 1826.
MAHMUD, SOBH: *Influencia de al-andalus,* Congreso Hispanoárabe, documento.
MAIO, EUGENE A.: *St. John of the Cross: The Imagery of Eros,* Madrid, Editorial Playor, 1973.
MALDONADO DE GUEVARA, F.: «La estrofa 24 del *Cántico espiritual* (Esquematología y poética)», en *RIE,* I, 3, 1943, págs. 3-15; I, 4, 1943, págs. 19-49 y 77-104; I, 6, págs. 3-16.
MANCHO DUQUE, MARÍA JESÚS: *El símbolo de la noche en San Juan de la Cruz. Estudio léxico-semántico,* prólogo de Eugenio Bustos, Salamanca, Universidad, 1982.
MARASSO, ARTURO: «Aspectos del lirismo de San Juan de la Cruz», en *BAAL,* XIV, 1945, págs. 579-607.
MARCO DI SAN FRANCESCO, O. C. D.: *Sumario de la vida,* Lovaina, 1675, III + 387 págs.

MARÉCHAL, P. S. J.: *Études sur la psychologie des mystiques,* Bruselas-París, 1924 y 1937.
MARINER BIGORRA, S.: «Huellas de la *Vulgata* en San Juan de la Cruz», en *MEAH,* VII, 1958, núm. 2, págs. 29-44.
MARÍN FERNÁNDEZ, JOSÉ: *San Juan de la Cruz, cantor de la hermosura,* autores-editores obras propias.
MARLAY, PETER: «On Structure and Symbol in the *Cántico espiritual»,* en *Homenaje a Casalduero,* Madrid, Gredos, 1972, págs. 363-369.
MARTÍ BALLESTER, JESÚS: *San Juan de la Cruz: «Cántico espiritual» leído hoy,* Ediciones Paulinas.
— *«Subida al Monte Carmelo»m leída hoy (San Juan de la Cruz),* Ediciones Paulinas.
— *San Juan de la Cruz: «Llama de amor viva», leída hoy,* Ediciones Paulinas.
MARTÍN DE JESÚS MARÍA: *San Juan de la Cruz al alcance de todos,* Editorial Balmes.
MÁRQUEZ VILLANUEVA, FRANCISCO: *Espiritualidad y literatura en el siglo XVI,* Madrid, Alfaguara, 1968.
MATÍAS DEL NIÑO JESÚS: *Vida de San Juan de la Cruz,* Editorial Católica, S. A.
MAZA, JOSEFINA DE LA: *Vida de San Juan de la Cruz,* Madrid, 1947.
MILINER, MAX: *Poésie et vie mystique chez Saint Jean de la Croix,* París, Seuil, 1951.
MIRANDA, EMILIO: *San Juan de la Cruz: itinerario biográfico,* Francisco López Hernández, editor.
MORALES, J. L.: *El «Cántico espiritual» de San Juan de la Cruz: su relación con el «Cantar de los cantares» y otras fuentes escriturísticas y literarias,* Madrid, Ed. de Espiritualidad, 1971.
MOREL, G.: «La structure du symbole chez Saint Jean de la Croix», en *Recherches et Débats,* 29, 1959, págs. 66-86.
M. D. POINSENET: *Par un sentier a pic. Saint Jean de la Croix,* París, 1960, 250 págs. Publicado en español por Ediciones Paulinas (Bilbao, 1963).
NAZARIO DE SANTA TERESITA: *Desnudez: Lo místico y lo literario en San Juan de la Cruz,* México, Polis, 1961.
NIETO, CONSTANTINO JOSÉ: *Místico, poeta, rebelde, santo: en torno a San Juan de la Cruz,* Madrid, Fondo de Cultura Económica, 1982.
— *San Juan de la Cruz,* Editorial Swan.
NORDEAUX, H.: «La Renaissance espagnole et Saint Jean de la Croix», en *RDM,* 74, 1943, págs. 383-390.
OLIVÁN BAILE, FRANCISCO: *Monasterios de San Juan de la Peña y Santa Cruz de la Seros,* Document.
ORCIBAL, JEAN: *San Juan de la Cruz y los místicos renano-flamencos,* Fundación Universitaria Española.

OROZCO DÍAZ, EMILIO: «Mística y plástica (comentarios a un dibujo de San Juan de la Cruz)», en *BUG,* XI, 1939, págs. 273-295.
— «Sobre la imitación del *Cantar de los cantares* en la poesía de San Juan de la Cruz (una nota para el estudio de la lírica sanjuanista)», en *Fin,* III, 1948, págs. 72-76.
— *Poesía y mística. Introducción a la lírica de San Juan de la Cruz,* Madrid, Guadarrama, 1959.
— *Paisaje y sentimiento de la naturaleza en la poesía española,* Madrid, Editorial Prensa Española, 1968.
— *Manierismo y barroco,* Madrid, Cátedra, 1975.
OTTONELLO, PIER PAOLO: «Une bibliographie des problémes esthétiques et litéraires chez Saint Jean de la Croix», en *BUI,* LXIX (67), páginas 123-138.
PACHO POLVORINOS, ALBERTO: *Iniciación a la lectura de San Juan de la Cruz,* Editorial Monte Carmelo.
PACHO POLVORINOS, EULOGIO: *San Juan de la Cruz. Temas fundamentales* (tomo I), Edit. Monte Carmelo.
— *San Juan de la Cruz. Temas fundamentales* (tomo II), Edit. Monte Carmelo.
— *San Juan de la Cruz. Temas fundamentales* (obra completa), Edit. Monte Carmelo.
— *San Juan de la Cruz: proyecto espiritual,* Edit. Monte Carmelo.
PARDILLA ALONSO, SECUNDINO: *San Juan de la Cruz: Sus símbolos e imágenes,* Document.
PASCHE, FRANCIS: *La ascesis psicoanalista.*
PEDRO DE SAN ANDRÉS: *La vie de Saint Jean de la Croix,* Aix, S. Roize, 1675, XXI + 674 págs.
PEERS, EDGARD ALLISON: *Studies of the Spanish Mystics,* Londres, The Seldon Press, 1927.
— *Spirit flame. A story St. John of the Cross,* Londres, 1943, 164 páginas. Traducido al español por Eulalia Galvarriato y publicado en Madrid (1950) por el Consejo Superior de Investigaciones Científicas, 179 págs.
— «The Alledged Debts of San Juan de la Cruz to Boscán and Garcilaso de la Vega», en *HR,* XXI (1953), págs. 1-19, 93-106 y 205-233.
PELLE-DOUELL, YVONNE: *San Juan de la Cruz y la noche mística,* Madrid, Aguilar, 1962.
RODRÍGUEZ RODRÍGUEZ, JOSÉ ANTONIO (VICENTE): *San Juan de la Cruz,* autores-editores obras propias.
RODRÍGUEZ, JOSÉ VICENTE: *¿San Juan de la Cruz, talante de diálogo?,* Rev. de Espiritualidad, 1976, págs. 491-533.
ROEVENSTRUNCK, BERNHARD: *Cánticos. Poemas de San Juan de la Cruz* (castellano-alemán), Clivis.

RUIZ CALAVIA, ALFONSO: *San Juan de la Cruz, maestro de oración,* Editorial Monte Carmelo.
RUIZ SALVADOR, FEDERICO: *Introducción a San Juan de la Cruz. El escritor, los escritos, el sistema,* Madrid, B.A.C., 1968.
— *Místico y Maestro. San Juan de la Cruz,* Editorial de Espiritualidad.
RUIZ, FEDERICO, y RODRÍGUEZ, JOSÉ VICENTE: *Dios habla en la noche: vida de San Juan de la Cruz,* Editorial de Espiritualidad.
SÁNCHEZ MOGUEL, ANTONIO: *El lenguaje de Santa Teresa. Estudio comparativo entre sus escritos con los de San Juan de la Cruz y otros clásicos de su época,* Madrid, 1915.
SANSON, HENRY: *Saint Jean de la Croix entre Bossuet et Fénelon. Contribution a l'étude de la querelle du pur amour,* París, P.U.F., 1953.
— *El espíritu humano según San Juan de la Cruz,* Ediciones Rialp, S. A.
SANTIAGO, MIGUEL: Edición de San Juan de la Cruz, *Obra poética,* con un apéndice de Juan Pablo II, Barcelona, Libros Río Nuevo, 1982.
SEGARRA PIJUÁN, JUAN: *Segundo simposio sobre San Juan de la Cruz,* Editorial Secretariado Teresiano-Sanjuanista.
SENA MEDINA, GUILLERMO: *San Juan de la Cruz. Poesías* (edición, estudio y notas de Guillermo).
SENCOURT, ROBERT: *Carmelite and poet. A fremed portrait of Saint John of the Cross. With his poeme in spanish,* Londres, 1943, 244 págs. Publicado en español en Buenos Aires, 1947, 415 págs.
SERVERA BAÑO, JOSÉ: *En torno a San Juan de la Cruz,* Ediciones Júcar.
SHAH, IDRIES: *Los sufíes,* introducción de Robert Graves, traducción de Pilar Giralt Gorina, Barcelona, Luis de Caralt, 1975.
SIMEÓN DE LA SAGRADA FAMILIA, O. C. D.: «Fuentes doctrinales y literarias de San Juan de la Cruz» (Estudios sanjuanistas, 18), en *MC,* 69 (1961), págs. 103-109.
SIMPOSIO sobre San Juan de la Cruz: *San Juan de la Cruz. Un tesoro escondido e ignorado,* Asociación Educ. Signum Christi.
SIMPOSIO sobre San Juan de la Cruz (2): *Segundo Simposio sobre San Juan de la Cruz,* Editorial Secretariado Teresiano-Sanjuanista.
SOSA LÓPEZ, EMILIO: *Poesía y pensamiento místico de San Juan de la Cruz,* Madrid, C.S.I.C., 1954.
SPITZER, LEO: «Tres poemas sobre el éxtasis (John Donne, San Juan de la Cruz, Richard Wagner)» (1949), recogido en *Estilo y estructura en la literatura española,* Barcelona, Crítica, 1980, págs. 213-256.
STANISLAO DI SANTA TERESA: *San Giovani della Croce,* Milán, 1926, 257 págs.
STEIN, EDITH (sor Teresa Benedicta de la Cruz): *La ciencia de la Cruz. Estudio sobre San Juan de la Cruz,* Ediciones El Carmen.
THOMPSON, COLIN P.: *The Poet and the Mystic. A Study of the «Cántico espiritual» of San Juan de la Cruz,* Oxford, University Press, 1977.

TOMÁS SANCHIS, DIONISIO: «San Juan de la Cruz visita siete veces Caravaca», Rev. *Fiestas de Mayo,* Caravaca, 1979, Document.

TOURNAY, R.: «Les chariots d'Aminadab (Cant. VI, 12): Israel, peuple théophore», en *Vetus Iestamentum,* 9 (1959), págs. 288-309.

TRUEMAN DICKEN, E. W.: *La mística carmelitana. La doctrina de Santa Teresa de Jesús y de San Juan de la Cruz,* Barcelona, Herder, 1967.

UNAMUNO, MIGUEL DE: «De mística y humanismo», en *En torno al casticismo,* Madrid, Aula Magna, 1971, págs. 190-220.

URBINA, FERNANDO: *Comentario a «Noche oscura» y «Subida del Monte Carmelo» de San Juan de la Cruz,* Editorial Marova, S. L.

VALVERDE, JOSÉ MARÍA: «San Juan de la Cruz y los extremos del lenguaje», en *Estudios sobre la palabra poética,* Madrid, Rialp, 1958.

VEGA, ÁNGEL CUSTODIO, O. S. A.: «En torno a los orígenes de la poesía de San Juan de la Cruz», en *CD,* CLXX (1957), págs. 623-570.

— *Cumbres místicas. Fray Luis de León y San Juan de la Cruz (Encuentros y coincidencias),* Madrid, Aguilar, 1963.

— «Fray Luis de León y San Juan de la Cruz», en *Studia Philologica. Homenaje ofrecido a Dámaso Alonso,* III, Madrid, 1963, págs. 563-570.

VERGÉS FORNS, TOMÁS: *Por las sendas espirituales de San Juan de la Cruz,* Editorial Claret, S. A.

VILNET, JEAN: *Bible et Mystique chez Saint Jean de la Croix,* Brujas, 1949.

— *La Biblia en la obra de San Juan de la Cruz,* Editorial Española Desclee de Brouwer, S. A.

WAACH, HILDEGARD: *Johanes vom Kreuz. Verlag Herold,* Viena-Munich, 1954, 330 págs. Traducido al español y publicado por Ed. Rialp, Madrid, 1960.

WARDROPPER, B. W.: *Historia de la poesía lírica a lo divino en la cristiandad occidental,* Madrid, Revista de Occidente, 1958.

WILSON, EDWARD M.: «Ambigüedades y otras cuestiones en los poemas de San Juan de la Cruz», en *Entre las jarchas y Cernuda; constantes y variables en la poesía española,* Barcelona, Ariel, 1977, págs. 203-219.

WILSON, MARGARET: *San Juan de la Cruz. A Critical Guide,* Londres, Grandt and Cutler, 1975.

YNDURÁIN, F.: «San Juan de la Cruz entre alegoría y simbolismo», en *Relación de los clásicos,* Madrid, Prensa Española, 1969.

YNDURÁIN, DOMINGO: *San Juan de la Cruz. Poesía,* Madrid, 1989, Ediciones Cátedra, S. A., 293 págs.

ZABALA, LAUREANO: *El desposorio espiritual según San Juan de la Cruz,* Editorial Monte Carmelo.

obras consultadas

Vocabulario Básico de la Historia Medieval, de Pierre Bonnassie.

Le temps des cathédrales. L'art et la societé, 980-1420, de Georges Duby.

La civilización árabe en España, de É. Lévy-Povençal.

La poésie andalouse en arabe classique au XIe siècle. Ses aspects gënèrauz, ses principaux themes et sa valeur documentaire, de Henri Pérés.

El Islam cristianizado, de Miguel Asín Palacios.

Théorie de la Religion, de Georges Batailler.

Cisneros y la Reforma del Clero Español en tiempo de los Reyes Católicos, de José García Oro, O. P. M.

Les controverses des statuts de «pureté de sang» en Espagne du XVe an XVIIe siecle, de Albert A. Sicroff.

Un siécle d'or espagnol (vers 1525-vers 1648), de Bartolomé Bennassar.

Histoire de la Philosophie. I. Encyclopédie de la Pléiade, bajo la dirección de Brice Parain.

Renaissance Europe. 1480-1520, de J. R. Hale.

Imperial Spain 1464-1716 y *Europe divided 1559-1598,* de J. H. Elliott.

Historia de los musulmanes de España, tomos I, II, III y IV, de Reinardt P. Dozy.

Judaísmo y Cristianismo. Raíces de un gran conflicto histórico, de EMILIO MITRE.

La España musulmana, de CLAUDIO SÁNCHEZ-ALBORNOZ.

Historia de España, tomos IV y V, de RAMÓN MENÉNDEZ PIDAL.

Literatura del siglo XX y cristianismo. El Silencio de Dios, de CHARLES MOELLER.

Birth and Rebirth, de MIRCEA ELIADE.

índice

PREÁMBULO	9
PRIMERA PARTE: **Época y tiempo** (1542-1574)	13
SEGUNDA PARTE: **La cárcel y el verso** (1574-1586)	105
TERCERA PARTE: **Conspiración y muerte** (1586-1591)	177
TESTIMONIOS	221
RECAPITULACIÓN	225
Calendario biográfico...............................	228
Datos póstumos	229
Obras de San Juan de la Cruz	230
Copias y manuscritos	230
BIBLIOGRAFÍA	231
OBRAS CONSULTADAS	243